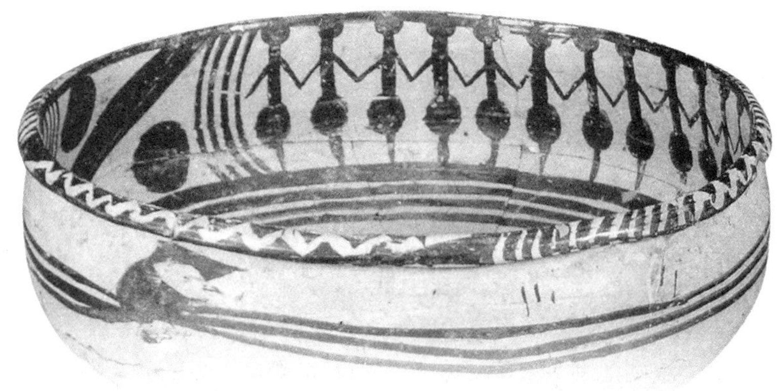

A VERY SHORT HISTORY OF ANCIENT AGE

一口气读完上古史

张清华○著

京华出版社

图书在版编目(CIP)数据

一口气读完上古史/张清华编著. 一北京:京华出版社,2008.12

ISBN 978-7-80724-609-1

Ⅰ.一… Ⅱ.张… Ⅲ.中国一上古史一通俗读物 Ⅳ.K210.9

中国版本图书馆 CIP 数据核字(2008)第 182333 号

一口气读完上古史

著　　者□张清华

出版发行□京华出版社

(北京市朝阳区安华西里一区 13 号楼 2 层 100011)

(010)64243832 84241642(发行部)64258473(传真)

(010)64255036(邮购、零售)

(010)64251790 64258472 64255606(编辑部)

E-mail:jinghuafaxing@sina.com

印　　刷□三河九洲财鑫印刷有限公司

开　　本□787mm×1092mm　1/16

字　　数□187 千字

印　　张□17 印张

版　　次□2009 年 1 月第 1 版

印　　次□2009 年 1 月第 1 次印刷

书　　号□ISBN 978-7-80724-609-1

定　　价□25.00 元

京华版图书,若有质量问题,请与本社联系

引 言

上古时代一般是指文字记载出现以前的历史时代，中国的上古时代一般指的是夏朝以前。

我们今天生活着的这片土地位于欧亚大陆的东方，我们的祖先从远古时代就生息繁衍在这片古老而神异的土地上，“有了人，我们就开始有了历史”，中国历史的帷幕便是从这里徐徐拉开的。

我们就是从这里来的，这里有我们炎黄子孙、华夏民族的漫漫来时路。

在那混沌初开之后的岁月中，在我们生活的这片土地上，我们的祖先度过了怎样的漫长岁月？

从茹毛饮血到自己生火，从赤手空拳与大自然搏斗到发明石器、陶器直至青铜器，从采集和渔猎发展到种植作物、饲养家畜，从结绳记事到书写文字，从栖身洞穴发展到部落、聚落直至城市和国家……

他们逐渐走出蒙昧、野蛮的时代，进入了文明社会；他们在长期的生活生产实践中，在不断丰富物质资料和改善生活的同时，也创造出了质朴而灿烂的古代文明；他们在长期的战争、交往、迁徙和联盟中，逐渐形成了一个以共同文化为基础的华夏族，这就是中华民族的前身……

……

伏羲、女娲、神农、轩辕、炎帝、黄帝、少昊、颛顼、帝喾、帝挚、尧、舜、禹……这些在我们民族历史的传说中留下深刻印记的人物都做出了哪些伟大业绩？

我们不仅要知道自己要到哪里去，还要知道自己从哪里来。本书努力帮助读者朋友们穿越时空，回到那遥远的过去，去体味先民们的生活，去看他们的家园——也是我们的故园。

翻开本书，我国夏朝之前数百万年的历史画卷将由远及近地向你慢慢展开，供你去体味、去欣赏。

作者

2008年12月1日

目　录

1. 中国历史的开端

遂古之初，谁传道之？
上下未形，何由考之？
冥昭瞢暗，谁能极之？
冯翼惟像，何以识之？
……

——屈原《天问》

我们中国人今天生活着的这片土地位于欧亚大陆的东方，西部有“世界屋脊”帕米尔高原，西南有青藏高原和喜马拉雅山脉，西北有阿尔泰山，北部有蒙古戈壁、沙漠，东北有兴安岭和长白山，东边和东南为海洋所环抱——大山、大海、大戈壁把这片千顷沃壤阻隔成一个相对独立的地理单元，中国历史的帷幕便是在这片古老而神异的土地上徐徐拉开的。

恩格斯说：“有了人，我们就开始有了历史。”但关于人类的起源问题，一直众说纷纭，莫衷一是。在中国历史古籍中，对此作出最早阐释的是盘古开天辟地和女娲造人两则神话传说。其中，成书于战国时代的《山海经》中是这样描述的：

▲ 明刊本《山海经》(东晋郭璞传) 书影

《山海经》是中国三大奇书之一，共18卷，分《山经》、《海经》两大类：《山经》有南山、西山、北山、东山、中山五经；《海经》有海外南、海外西、海外北、海外东、海内南、海内西、海内北、海内东、大荒东、大荒南、大荒西、大荒北、海内十三经。全书约31000余字，包含地理、历史、神话、宗教、民族、植物、动物、矿产、医药等多方面的内容。关于它的产生，据西汉刘歆以来的传统说法，认为是禹治洪水时与其助手伯益的所闻所录。但据现代学者考证，《山海经》成书于西周到西汉初期，非一人一时一地之作。此书内容大多带有荒诞色彩，保存最多的是兽形神话以及两种动物以上的合体神话和人兽合体神话。有不少远古神话的记载，都是在《山海经》里首次出现。但由于此书历时久远，字讹句脱，又多奇异图像，所以它记叙的到底是何方地理，至今尚未有定论，连史圣司马迁也不禁骇叹“至《禹本纪》，《山海经》所有怪物，余不敢言之也。”

传说洪荒之初，天与地合在一起，整个宇宙呈混沌状态，巨人盘古便诞生其中。一万八千年后，他突然醒来，感觉四周死一般的沉寂，实在难以忍受，便顺手抄起一把板斧，用力一挥，把宇宙劈开一道缝隙。整个世界也随之转动起来，清澈轻盈的东西慢慢向上移动，混浊凝重的东西徐徐下沉，没有多久，混沌的宇宙便幻化作了朗朗乾坤。

盘古担心天地还会愈合，便脚踩地、手托天，身子也跟着猛长起来。这样又过了一万八千年，天与地已是愈来愈远，再难相合。此时，盘古也耗尽了几十万年的精力，扑卧在苍茫的原野上死去了。

他呼出的气汇成雨露和春风；他喊出的声音化作雷霆；他的左眼变作太阳，右眼变成月亮；他的毛发和胡须则成了覆盖大地的森林和草木；他的躯干和四肢成为五岳；他的眼泪变成江河。从此，世界有了黑夜和白昼，大地充满

▼汉画像石“盘古开天辟地”

▲ 女娲造人

了活力和生机。

若干年后，又一尊天神女娲诞生了。她独自一人来到凡界，见景色秀美，却独少生灵，便照着自己的模样，用黄土捏小人为乐。后来她嫌捏弄小人费时费力，便把枝条沾了黄泥乱甩。顿时，贵贱人等应运而生，生息繁衍，始到今天。

世界上，每个民族都有自己生成和发展的神话和传说，中华民族当然也不例外，但科学表明，人类是由一种早已绝迹的古猿发展而来的。这种绝迹的古猿，既是人类的祖先，也是现代类人猿的祖先。现代类人猿和人类之所以有亲属关系，正是因为二者都出自于共同的远祖。这类消失的古猿目前被认定为是800万年前的拉玛古猿。拉玛古猿最初发现于印度北部山区，当时获得有牙齿和下颌骨化石。后来在巴基斯坦及非洲的肯尼亚，欧洲的匈牙利、希腊、雅典和西亚的土耳其等一些地方，也先后发现了这类古猿化石。1975年，在我国云南禄丰县石灰坝煤窑的堆积层中，也发现40多枚这类古猿的牙齿和一个完整的下颌骨，下颌骨上面还保留有门齿、犬齿、前臼齿共12枚。我国人类学家把它定名为拉玛古猿禄丰种，其地质年代属第三纪上新世早期，距今在800万年以上。

从拉玛古猿到人的进化经历了漫长的地质年代。据科学推测，在地质年代的中新世末期，地壳发生了剧烈的变动，阿尔卑斯山和喜马拉雅山从此崛起，同时，气候也随之发生了逆向变化，中亚细亚和非洲许多地区开始变得干旱，荒漠地区不断扩展，热带森林面积逐渐递减。这一变

▼拉玛古猿复原图

化使得一些树居的猿类，随着森林面积的缩小而南移，成为森林古猿，同时也促使那些能够生活的猿类由树居生活转变为地面生活。下地的古猿不得不经常搬动石块寻找食物，或者用棍棒挖掘野生植物的块根充饥。经过多少万年的循序渐进，逐渐形成了简单的劳动，于是古猿的劳动萌芽了。古猿学会从事劳动之后，第一个结果就是促进四肢的分化，形成直立行走。从简单的劳动开始，又经过多少万年的发展，猿的四肢逐渐产生分化，前肢逐渐从支撑身体的作用中解脱出来，分化成手；后肢则单独承担起支撑身躯的作用，分化成脚。由于猿的四肢发生分化，手和脚有了分工，于是便能直立行走了。直立行走的形成，“就

▲森林古猿

▲古猿到树下来生活

完成了从猿到人的具有决定意义的第一步”。

猿能够直立行走以后，首要的意义就在于扩大了视野，并使意识得以发展。

第二个结果便是促进了语言的产生。“语言是从劳动中并和劳动一起产生出来的。”猿的手脚有了分工，能直立行走，因此“手变得自由了”。有了手，劳动者日益发展，能愈来愈多地从事其他工作。广泛的劳动又增加了协作的条件和场所，互相协作的劳动，使“这些形成中的人已经达到彼此之间有些什么非说不可的地步了。猿类互相交流的需要产生了自己的器官，不发达的喉头由于声调的抑扬顿挫不断增加缓慢地然而肯定地达到改造，而口部的器官也逐渐学会了发出一个个清晰的音节”。这样，语言便在劳动过程中产生了。

所以，人类的形成过程，“首先是劳动然后是语言和劳动一起成了两个主要的推动力，在它们的影响下，猿的脑髓就逐渐变成了人的脑髓”。因此，语言在人类的形成过程中，也有着十分重要的意义。斯大林说：“有声语言在人类历史上是帮助人们从动物界分化出来，结合成社会，发展自己的思想，组织社会生产与自然力量作胜利斗争并达到我们今天所有的进步的力量之一。”

归纳起来，从猿到人转变的过程，首先是劳动，“经过多少万年之久的努力、手和脚的分化，直立行走最后确定下来了，于是人和猿区别开来，于是音节分明的语言的发展和头脑的巨大发展的基础奠定了，这就使得人和猿之间的鸿沟从此成为不可逾越的了。”

劳动创造了人类，劳动又是人和猿相区别的标志。人和动物的不同是，“动物仅仅利用外部自然界，单纯地以自己的存在来使自然界改变；而人是通过他所作出的改变来使自然界为自己的目的服务，来支配自然界。”简单的、

▲ 从猿到人的转变是一个漫长的过程

无意识的半本能性质的劳动，在高等动物中偶尔也会出现。然而，制造工具的劳动，即使是偶尔，猿类也是不可能的。如现代类人猿中的黑猩猩、大猩猩等，为了获取悬挂在天花板上的食物，它们也会用箱子作为架子或使用木棍，但它们绝不会制造工具，所以恩格斯说：“没有一只猿手制造过哪怕是最笨的石刀。”

到了距今300万年左右的时候，世界上一些地区的古猿学会了制造工具，最原始的人——猿人开始形成。从猿转变成人，这在人类进化史上完成了第一个光辉的历程。人猿相揖别，标志着人类正式登上历史舞台。历史学家根据人类体质和智力的演进，把人类的进化发展分为三个阶段，即猿人、古人、新人，人类学家则称之为直立人、早期智人和晚期智人。今天，人类学家在世界范围内，已发现不少猿人、古人、新人的化石，这为研究人类的进化史积累了珍贵的科学资料。

中国是人类发源的重要地区，猿人遗迹遍布南北各地。其中特别重要的发现有云南元谋人、陕西蓝田人、北京周口店的北京人等。大批猿人遗骸和遗物的发现，不仅为世人研究人类的起源和中国远古人类的状况提供了丰富的资料，而且充分地说明了早在200多万年以前，中国境内已有人类生息繁衍，从而揭开了中国历史的序幕。

历史大视界

根据地史学与古生物学研究，地球发展的初级阶段可能在60亿年之前，到距今46亿年前形成了地壳。从那时起，地球的历史可分为5个代，即太古代（约46亿年前至25亿年前）、元古代（约25亿年前至6亿年前）、古生代（约6亿年前至2.25亿年前）、中生代（约2.25亿年前至7000万年前）、新生代（7000万年前至今）。每个代又分若干纪，每个纪又分若干世。

最原始的生物出现在太古代，元古代末期出现了原始腔肠动物、软体动物和节肢动物等多细胞生物。到古生代，出现了生活在水里的最早的脊椎动物，这些原始脊椎动物后来发展成鱼类。鱼类又分化为若干分支，其中一支演化为两栖动物。两栖动物中的一支又演化为爬行动物，爬行动物在中生代特别繁盛，其中一部分演化为各种各样的恐龙。最早的哺乳动物及鸟类在中生代也已出现了。

人类起源于新生代。新生代又分为第三纪和第四纪。第三纪分为古新世、始新世、渐新世、中新世、上新世；第四纪分为更新世和全新世。第三纪是哺乳动物发达的时代，在第三纪的始新世开始出现最早的灵长类。到了渐新世，从原始的灵长类中又先后出现了猴类和猿类。最早的人类就是从古猿演化而来的。

2. 猿人

人生之始也，与禽兽无异，知有母而不知有父；能覆前而不能覆后，卧之詓詓，行之吁吁；饥则求食，饱则弃余，茹毛饮血而衣皮革。

——《纲鉴易知录》

古猿一迈进“人”的范畴，人类社会也就同时出现了。在人类社会史中，第一个阶段就是原始社会。

原始社会初期，人的形态还很像猿——低前额、高眉骨，嘴巴向前突出，身躯还不能完全直立，等等。所以，这种亦猿亦人的人类被称为“猿人”，又称直立人。猿人生活的时间约从300万年前开始，到二三十万年前结束。

现在，世界上发现了不少猿人化石遗迹，年代最早的是在东非坦桑尼亚和埃塞俄比亚等地发现的猿人化石，经钾、氩定年，距今约300多万年。在我国境内，也发现有不少猿人化石，最早的发现是在北京周口店，其后在陕西省蓝田县和云南省元谋县也相继有所发现。到目前为止，在我国发现猿人化石的地点，有北京、陕西、云南、山西、河南、辽宁、湖北、安徽等省市，可以说从南到北的广大地区都已经发现了猿人生活的足迹。在我国发现的猿人化

▲ 元谋人的牙齿化石和使用的刮削石器

石中，年代最早的是在云南元谋发现的元谋人，其次是蓝田人、陨县人和北京人。

元谋人发现于我国云南省元谋县东南的大那乌村。1965年5月，我国地质工作者在大那乌村西北的一个由褐色粘土层组成的小土包上进行地质调查时，首先发现两枚牙齿化石，一为左上内侧门齿，一为右上内侧门齿。经鉴定，这两枚牙齿同属一个青年男性的门齿。在后来的发掘中，又发现了人工打制的3件石器和许多炭屑，还有41种哺乳动物的化石。至目前为止，在元谋人化石遗址共获得人工打制的石器17件。

元谋人牙齿的特征是：齿冠粗大，舌面具有发达的铲形舌窝，舌窝内面多釉质褶皱。元谋人生活的时代大约属于地质年代的更新世早期。在与元谋人伴生的哺乳动物群中，有不少是属于更新世早期的典型代表动物，其中有云南马、爪兽、上新鹿、剑齿虎等11种。根据古地磁的测定，元谋人生活的年代距今约170万年。

元谋人化石是迄今为止在我国境内发现最早的人类化石，不仅为人类进化史的研究增添了一份新的资料，同时也证明我们中华民族的祖先在一两百万年前就已经劳动、生息在这块广大的土地之上了。

比元谋猿人稍晚的是蓝田猿人。1963年，我国科学工作者首次在陕西省蓝田县泄湖公社陈家窝村的红色土层中，发现了一个完好的猿人下颌骨化石。1964年，又在蓝田县城东约15公里的九间房公社公王岭的红色土堆中发现了一枚猿人牙齿和一个猿人头盖骨化石。经鉴定，在陈家窝村发现的猿人下颌骨化石，属于一个老年女性；在公王岭发现的猿人头盖骨化石，属于一个30多岁的女性，头骨特征较为原始。因此，公王岭发现的猿人头骨，为蓝田人的代表，年代为80万年左右。

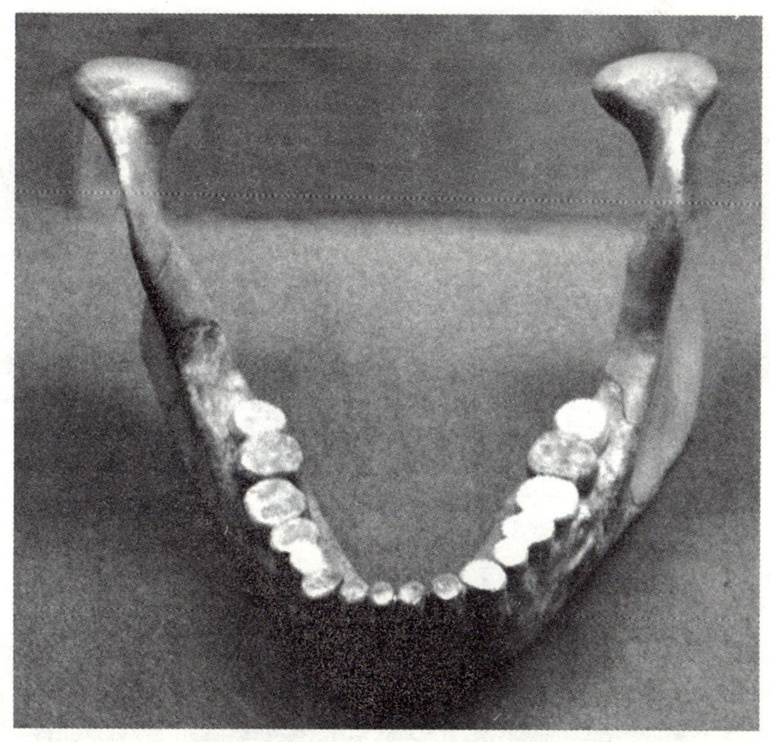

▲ 蓝田人的下颌骨化石

发掘于陕西蓝田公王岭，距今约 115 万年，属于旧石器时代。

蓝田猿人头骨的特征是：头骨低平，骨壁厚，眉骨粗壮隆起，左右连成一片，两侧明显延长。据测定，其脑容量为780毫升。蓝田猿人的骨化石尽管分布相当广泛，但所采集的材料却不够典型，数量也不多。猿人活动的遗迹，截止到现在，材料最丰富的仍首推举世闻名的“北京猿人”。

北京猿人化石发现于北京西南周口店龙骨山的洞穴里。从1927年开始挖掘，发现了包括6个较完整的头盖骨在内的大量面骨、下颌骨、四肢骨和牙齿化石，分别属于40多个不同性别和年龄的个体。

▲ 北京周口店遗址博物馆

北京猿人的体质结构已具备了人的基本特征，但仍残留些许现代类人猿的特点。北京猿人与现代人比较起来，身材较矮，面部短而前伸，鼻子宽扁，颧骨高突，眉脊粗大，牙齿壮硕，脑容量平均为1075毫升，比蓝田猿人（780毫升）大得多，与现代人（脑容量平均为1400毫升）接近。其上肢在长期劳动中因适应日益复杂的动作而变得十分灵巧，与现代人极其相似；其下肢在长期直立行走和辅助性劳动中日趋完善。从北京猿人整个体质形态来看，其头骨与肢骨发展是不平衡的，四肢尤其是手，在劳动中首先得到了改造，从而印证了“劳动创造了人本身”这一科学结论。

▲ 北京周口店山顶洞人头骨化石（下）以及剑齿虎头骨化石（上）和上犬齿化石（中）

此山顶洞人头盖骨距今约18000年，属于旧石器时代晚期，其形状已经具有现代人的特征，脑量为1300毫升~1500毫升。

在北京猿人生活的时代，他们至少已掌握了两种征服自然的知识：一是制造石器，一是用火。他们制造的石器

▲ 北京人背鹿像（复原雕塑）

大致可分为锤状器、砍伐器、平圆器（或叫盘状器）、尖状器和刮削器等。这些石器一般都是拣取河边上的砾石或其他砂岩打制而成，外表十分粗糙，带有很大的原始性，考古学家称之为“旧石器”，把使用这种石器的时代称为“旧石器时代”。

在旧石器时代，猿人为了生存，与大自然进行了艰苦卓绝的斗争。根据各类生物化石推知，数十万年前的中国大陆，气候温和湿润，高山、茂林、草原，还有纵横交错的河流与成片的沼泽杂沓相接，成群的动物，如剑齿虎、狼、熊、豹、鬣（liè）狗、野马、野牛、野鹿等栖息其间。这些兽群对猿人的生存构成了威胁，但又是猿人追逐猎杀的对象。其中，肿骨鹿和梅花鹿为北京猿人的主要食物来源。

在北京猿人长期生活的龙骨山洞里，发现了40米厚的堆积物，并发现有大量的灰烬及烧过的石块和兽骨，厚达6米之多。在元谋人、蓝田人生活的地层里也有类似的发现，这说明猿人时代用火是很普遍的。那时，人们可能从因雷击引起大火的森林里或其他有天然火燃烧的地方引来火种，然后在居住的山洞里燃起常年不熄的火堆，用来烧熟食物、照明取暖、防御野兽。这样不仅有利于摄取食物的营养，增强人类的体质，而且增强了人类抗御自然的能力。火的发现与使用，是人类进化史上的一个巨大飞跃，使人类第一次支配了自然界，从而最终告别了“茹毛饮血”的时代。

猿人时代，个人的力量往往微不足道，只有结合成群体才能抵御野兽的侵袭，战胜险恶的环境。在最原始的群居团体里面，性交是杂乱无章的。随着社会的发展，人们

▲四川合江张家沟二号墓四号石棺后挡上的伏羲女娲交尾图

该画像石中伏羲女娲以对偶神的构图形式出现，女娲手中托着月，伏羲手中托着日，两神身体为基本完整的人形，两腿之外有蛇身，其尾相交，相交的蛇尾暗示着日月合璧，表示繁衍子孙的含义。伏羲左手举着“矩”（即拐尺），女娲右手举着“规”（即圆规），象征着天圆地方，也暗示着两神的造物主身份。

▲ 伏羲像

伏羲氏在我国古史中被列为三皇之一，据传是其母华胥氏在沼泽中践踩了雷神的脚印才有孕而生。伏羲又称太昊，因传他曾最先豢养“六畜”而又称庖羲氏。伏羲对人类做出的最大贡献是发明了八卦。传说他在长期的生产生活中，获取了大量关于太阳、月亮、行星的天文知识，并开始尝试用某种方式来表示他所了解到的天文与自然现象的关系。当时还没有文字，他便发明了☰☱☲☳☴☵☶☷8种图符，每个符号均代表日、月和地球在以太阳为参照系的三维空间中，在某种时空领域内相互运动而在地球上所表现出的所有天气、气候等特征的总和。由于这一发明开创了人类文明的先河，所以伏羲氏又被尊崇为人文始祖。

开始排除不同辈份之间的杂交关系，而允许年岁相当的同辈男女通婚，同一辈的男女既是兄弟姐妹，又可互为夫妻，从而进入了人类社会发展史上第一个家庭形式——血缘家族时代。世代流传的伏羲与女娲兄妹合婚的传说即是这一时代的反映。东汉应劭所著《风俗演义》里有这样的记载：伏羲、女娲本为兄妹，居住在昆仑山上。日久天长，二人便想结为夫妻，却又自觉羞耻。有一天，他们跑上昆仑山颠，向天问卜，苍天把山下的云烟都合为一处，以示同意。于是，二人顺承天意，结成了夫妇。汉代画像石（又叫石刻壁画）和画像砖上，还刻有二人的交尾图，说明早在汉代，社会上就已广泛流传这个故事。

猿人的生活是极其艰苦的，绝不是黄金时代。他们依靠群体的力量，一

▲甘肃天水伏羲庙

这是全国最大最早的伏羲庙，本名“太昊宫”，俗称“人祖庙”，始建于1490年，建成至今历经多次重修。坐北朝南，西门三进，自南向北有牌坊、庙宇、月台、碑亭、主殿、古柏等，占地3700亩，是目前我国规模最大、保存最完整的纪念伏羲氏的明代建筑群。传说每逢正月十五伏羲诞辰，便会有喜神降临人间，为世人排忧解难。

▲河南淮阳太昊陵

这是中华民族人文始祖伏羲的大型陵庙，为中国18大名陵之一，因太昊伏羲氏位居三皇之首而被誉为“天下第一陵”。太昊即是人们对伏羲的赞词，意为功德无量，向日月那样光明。太昊陵按照伏羲先天八卦之数理而建，陵高20余米，分内城、外城、紫禁城三道皇城。陵园内，殿宇鎏金，楼阁掩翠，气势磅礴，古朴韵致。

起劳动，使用简陋的工具和武器，和自然界作殊死斗争，但不免随时面临死亡的威胁。在北京猿人的40多个个体中，约有1/3活不到14岁就死去了。

猿人以极其艰苦的劳动，改造了自然，也改造了自己。他们创造了原始文化，积累了经验，繁衍了后代，使人类社会得以缓慢地向前发展。

历史大视界

19世纪初期，史学家把人类演进的次序，从物质上分为石器时代、铜器时代、铁器时代。原始社会属于石器时代，由于石器时代太长，又可分为旧石器时代与新石器时代。这种分期法至今仍为考古学工作者所袭用。马克思主义的历史科学中，原始社会从社会经济这个角度可划分为原始群和氏族公社两大阶段。原始群包括向人类过渡的古猿和已会制造工具的“原始人”，氏族公社阶段分前后两期：前期是母亲氏族公社，后期是父系氏族公社。

3. 古人

上古之世……民食果蓏蚌蛤，腥臊恶臭而伤害腹胃，民多疾病。有圣人作钻燧取火以化腥臊，而民悦之，使王天下，号之曰燧人氏。

——韩非子《五蠹》

猿人在经历了大约几十万年的漫长岁月后，又逐渐发展到了“古人”阶段。“古人”又称早期智人，相当于考古学上的旧石器时代中期。这一时期延续到距今四五万年前，此时人类体质上遗留下来的原始特征逐渐趋于消失，石器制作技术也有了很大的改进。

我国境内的古人化石和遗迹分布较广，特别重要的有大荔人、丁村人、许家窑人。

大荔人是1978年在陕西大荔县甜水沟的砾石层中发现的，是一具十分完整的男性青年头骨化石。这是由猿人向古人过渡形态的代表，距今约20万年。大荔人头顶低矮，眉脊粗壮，骨壁较厚，吻部不很突出，其脑容量为1120毫升，身材比北京猿人高得多，表明比北京猿人进步了许多。大荔人介于猿人与古人之间，属古人中的早期类型。大荔人头骨化石的伴出物有肿骨鹿、大角鹿、古菱齿象、犀牛

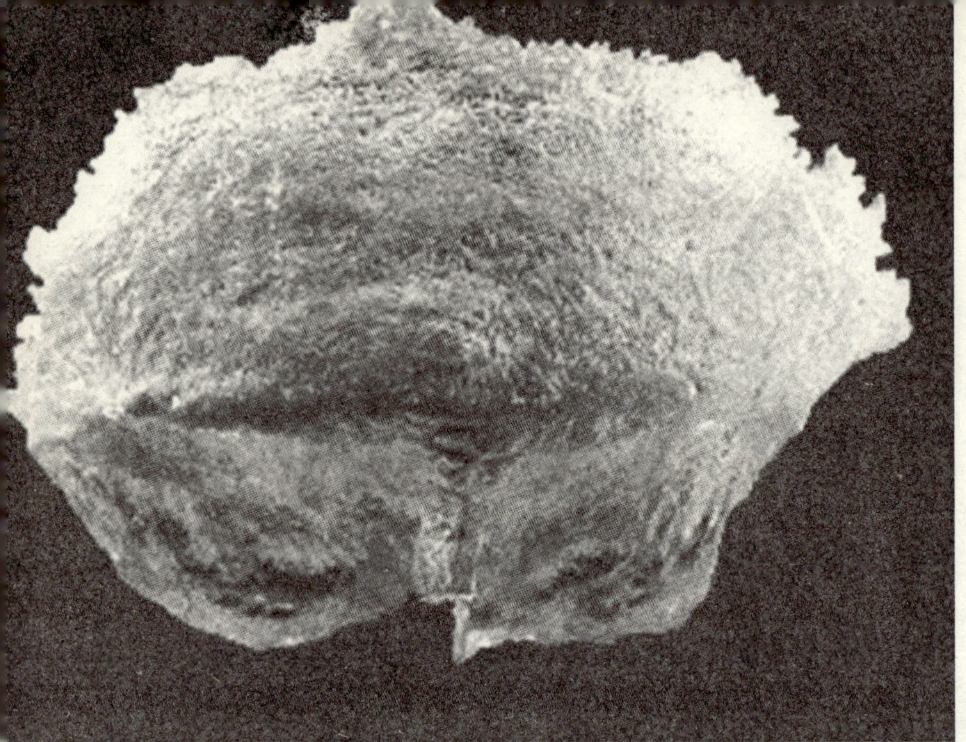

▲许家窑人枕骨化石

许家窑是目前我国旧石器中期古人类化石和文化遗物最丰富、规模最大的遗址，距今约12.5~10.4万年。许家窑人介于直立人和现代人之间。

等哺乳动物化石和一些石制品，时代属中更新世早期。

许家窑人是1976年在山西阳高古城许家窑村犁益沟发现的，化石和遗物比较丰富，计有顶骨11块，枕骨2块，左上颌骨一块并附有4颗牙齿，右侧下颌骨一块，单个牙齿两颗，代表10多个男女老幼不同的个体，从7岁幼儿到年过半百的老人，其平均寿命大约30岁左右。许家窑人头骨仍然较厚，但颅顶较高，吻部已不太突出，牙齿粗大，牙冠嚼面复杂，既具备一定的原始性，又有接近现代人的特征。许家窑人的年代约在10万年前。

丁村人是1954年在山西襄汾丁村附近的汾河两岸发现的，其中有约两岁小孩的一块右顶骨和十二三岁儿童的3颗牙齿。小孩头骨的骨壁较薄，门齿舌面底部有明显的底结

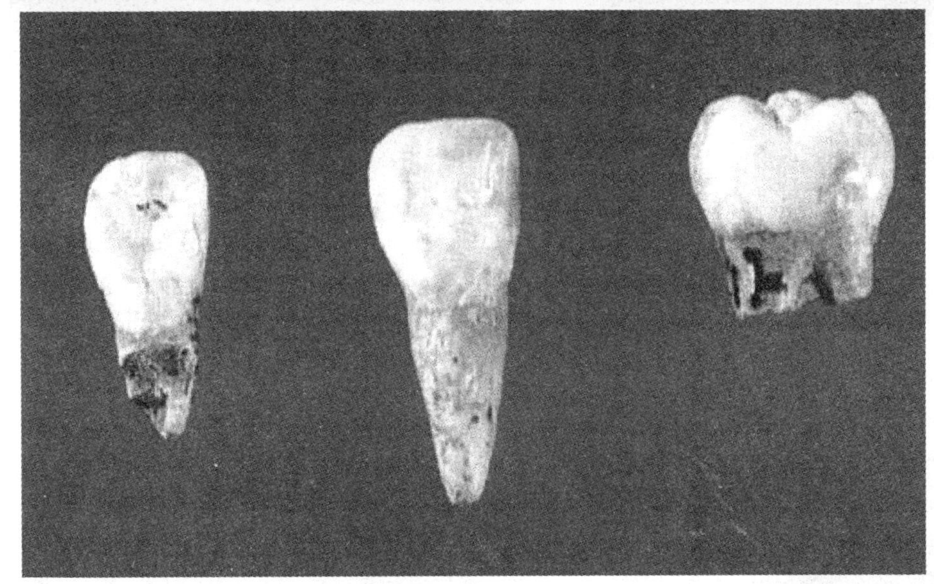

▲ 丁村人牙齿化石

节和指状突起，明显比北京猿人进步。丁村人化石的伴出物主要是动物化石，达26种之多，有梅氏犀、纳玛象、扁角鹿、野马、野驴、斑鹿、羚羊等，以及鱼和蚌、蜗牛等软体动物。从地质年代和打制石器来看，丁村人生活的时代属于旧石器时代中期。

此外，已发现的古人化石或遗存还有广东韶关马坝人、湖北长阳人、贵州桐梓人、安徽巢湖人等。马坝人的头盖骨化石和许多动物化石，是1958年在广东省曲江县马坝墟西南约1.5公里的狮子山一个岩洞里发现的。该头骨并不完整，只有部分顶骨、额骨、右眼眶和鼻骨的大部分。其特征是眉脊粗壮而明显突出，眉脊后方的额骨部分明灭缩窄，类似猿人，但头骨的厚度、高度和额倾斜度又不及猿人，可能属一中年男性。伴出的动物化石有大鬣狗、大熊猫、犀牛、剑齿象等，其地质年代属更新世初期，是早期古人类型中的一种。

1956年，长阳人的骨化石发现于湖北省长阳县钟家湾村一个称为“龙洞”的石灰岩洞穴中。当时获得左侧上颌骨残片一块和大量的动物化石，1957年又挖掘到两枚牙齿。共存的动物化石有大熊猫、剑齿象、中国鬣狗等。其地质年代相

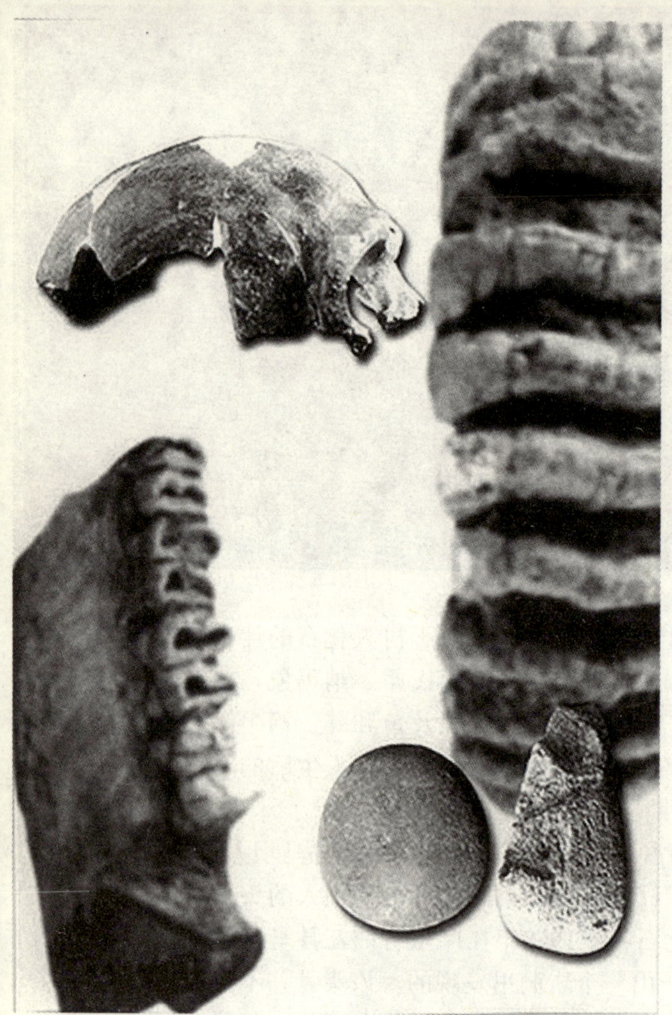

▲ 马坝人遗址出土的人头骨化石（左上）、剑齿象牙齿化石（右上）、犀牛下颌骨化石（左下）、石锤（右下左）和石砍砸器（右下右）

当于更新世晚期。

此外，1972年在贵州桐梓县也发现了两枚牙齿化石。1975年在辽宁省喀左县鸽子洞也发现了一颗完整的小孩第二下前臼齿和一批石器，其时代大体与丁村人相当。

从这些有代表性的古人阶段的原始人类化石资料可以看出，古人阶段的人类体质形态特征已比猿人进步。其头颅较大，而且比猿人高，骨壁比猿人的薄，额骨也比猿人的低平，眉骨脊虽然还比较粗壮，但也比猿人进步，面部向前伸，下颏不明显，牙齿稍为粗大。这些特征，都显示出古人的体质形态更接近于现代人，猿的特征已逐渐衰退。这时的人类经过了几十万年的劳动实践，积累了相当多的劳动经验，劳动工具的制作技术也有了很大改进。伴随着劳动经验和技能的逐步提高，他们活动的领域进一步扩大，并积极适应各地的自然环境，继续过着以采集和狩猎为主的生活。

大荔人生活在今陕西渭北平原，20多万年前那里是一片辽阔的草原，树木丛生，气候温暖。大荔人在林边草原上猎取鹿、马，在塘边捞取鱼、虾，有时也到灌木丛中袭杀犀牛、水牛和古菱齿象。丁村人和许家窑人栖居在汾水两岸，大象、犀牛、野鹿、野马、羚羊在汾水旁的丘陵上奔驰，豺、狼、虎、豹、熊、狐等时出时没，还有河流和岸边浅水中的鱼、虾等，这些都是丁村人和许家窑人的生活资料来源。

为了获取更多的食物，古人使用的狩猎工具——石器，大都被进行了第二次加工，加工技术更加细致，如单刃砍

◀石厚三棱尖状器

这是丁村文化最富有特征的石器，是用来挖掘的工具。

▲ 山西襄汾丁村遗址出土的打制石球

切器、多刃砍切器、三棱尖状器、小型尖状器、刮削器、石球等，以适用于不同的用途，其中，作为投掷武器的石球被打击得匀称滚圆，仅在许家窑遗址就出土了1000余件，每件重量在80～2000克不等。丁村人多用石灰岩打制石球，质量在500～1300克之间。这些都是古人时代生产力与生产技能提高的表现。

在提高狩猎能力的同时，古人进一步发展了猿人时代用

▲ 原始人类在打制石器想象图

火和保存天然火种的经验，并利用打砸干木发明了人工火。火的发明和使用在人类进化史上有着非同寻常的意义。它不仅可以用来御寒、照明、驱逐野兽，还能为古人提供熟食，从而大大加快了人类的进化过程。我国古史传说中，曾把这一发明归于燧人氏所为，韩非子在《五蠹》中也有简单记载。类似的说法又见于晋朝王嘉的《拾遗记》：“有大树名遂木，屈盘万顷。后世有圣人，游日月之外，至于其国，息此树下。有鸟啄树，粲然火出；圣人感焉，因用小枝钻

◀新石器时代的火种罐

此罐是用来保留火种的，待用火时可引燃使用，比临时取火方便。其下部分的孔洞为放进炭火的气孔。

◀早期智人在预备生火

早期智人能够自己生火，这比猿人进步多了。

火，号燧人氏。”燧人氏的传说现已无据可考，但火的使用却世代相袭，一直沿用下来。马克思曾这样评价这一伟大发明：“就世界性的解放作用而言，摩擦生火还是超过了蒸汽机，因为摩擦生火第一次使人支配了一种自然力，从而最终把人同动物界分开。”

历史大视界

古人的化石要比猿人的偏多。目前在欧、亚、非三洲已发现的古人化石产地达70多处。最早引起人们注意的古人化石是1856年在德国杜塞尔多夫城附近尼安德特河谷的一个洞穴中发现的，因此，过去曾把这一阶段的人类统称为尼安德特人，简称尼人。

◀尼安德特人复原图

尼安德特人不是现代人的祖先，3万年前他们突然消失了。

4. 新 人

古者羿作弓。

——《墨子·非儒》

大约从四五万年前开始，我们的祖先从“古人”进化到了“新人”阶段。人类学家把他们命名为“新智人”，又称晚期智人，在考古学上属旧石器时代晚期。这时，人类体质形态的原始性质完全消失，受居地环境等因素的影响，逐渐分化为肤色及体貌特征各异的不同人种，分布于世界新旧大陆。与新人阶段相一致的是氏族公社的形成，它是人类战胜自然界的有力保证。从此，现代人开始形成。

新人的足迹遍布中国大陆，主要有北京周口店龙骨山的山顶洞人、内蒙古萨拉乌苏河流域的河套人、山西朔州峙峪人、四川资阳人、山东泰安人、辽宁建平人、吉林榆树人、云南丽江人、台湾台南左镇的左镇人等，其中具有代表性的是山顶洞人和峙峪人，还有萨拉乌苏河流域的河套人。

1933年，我国考古学家为了继续探寻周口店北京猿人洞穴的顶部遗存，结果发现了另外一个人类穴居遗址的人类化石，因为是在北京猿人洞穴的顶部发现的，所以定名

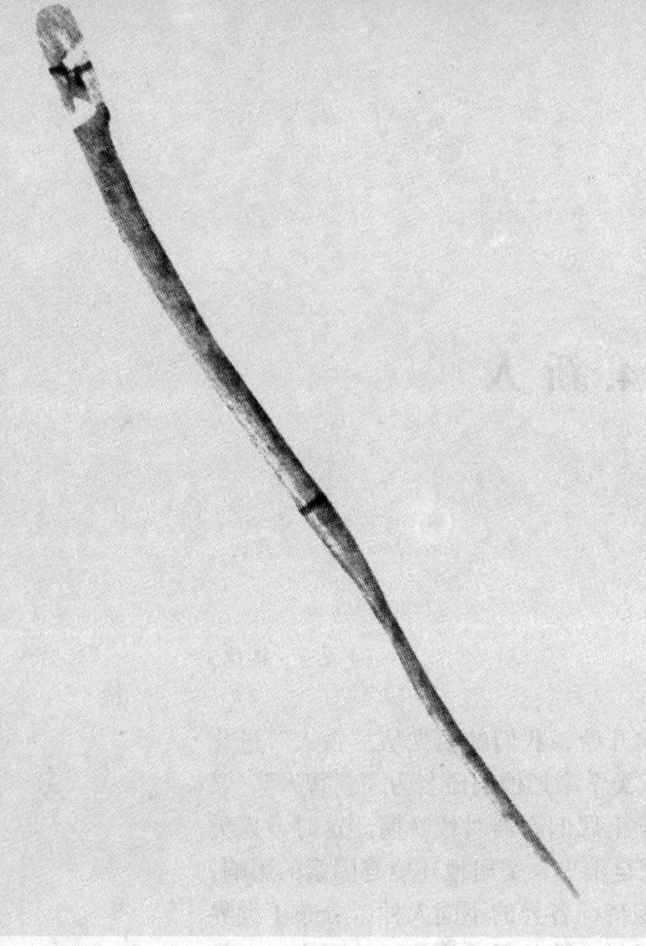

▲ 山顶洞人使用的骨针

1933年北京房山周口店龙骨山山顶洞遗址出土，残长8.2厘米，孔径0.31~0.33厘米，距今约18000年，是山顶洞人的缝纫工具。

为山顶洞人。山顶洞人的骨化石包括分属于8个个体的上下腭骨、牙齿和体骨，其中较完整的3具头骨，一为男性老人，另两具为女人，其体质特征与现代人基本相同。山顶洞人的脑容量介于1300毫升和1500毫升之间，已在现代人脑量变异范围之内。山顶洞人距今约19000年左右，处于新人阶段的晚期。

当时的山顶洞人已经能够制作比较精致的石器和骨器。石器有砂岩打制成的敲砸器和切割器。骨器中有一根骨针，长82毫米，直径3.3毫米，针眼是刮挖而成，针身圆润光滑，是较精致的磨制骨器。据此可推测，当时人类已有连缀兽皮用来制作衣服的能力。

山顶洞人的生产技术还集中反映在装饰品的制作上，出土有成串的石珠、小段的兽骨、穿洞的兽牙，还有经加工修饰过的马骨和海蚶壳等。这些装饰品的制作表明新人阶段生产力水平又有了长足进步，同时，也证明人类已有爱美的观念和对美的追求，原始艺术的萌芽已悄然凸现了。

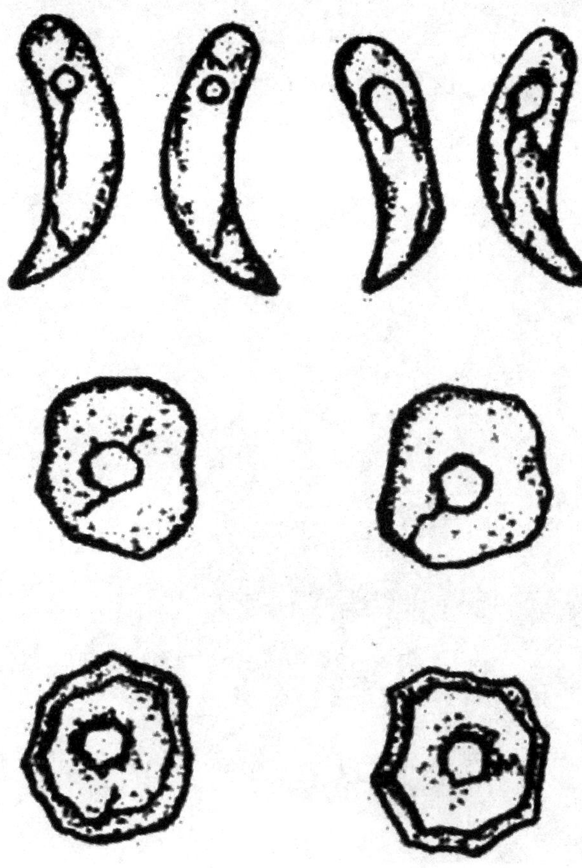
▲ 山顶洞人的装饰品：钻孔的兽齿和小石珠

山顶洞洞口朝北，有上下两层，其上层是当时人们的居住地，下层为死者的墓地，墓地周围撒有赤铁矿粉末。红色的赤铁矿粉象征着鲜血，表明这时的人类已对生命的来源和灵魂的归宿怀有想象，是原始宗教开始萌发的重要表现。

山顶洞穴的不远处有池塘，其中的草鱼是他们捕捞的对象。另外，山顶洞人已学会在木棒尖端绑上石矛用于射杀鹿、羚羊、野猪、野牛等。这时，他们所获取的生活资料比古人时代的先辈们大为丰富，与大自然作斗争的本领也大大提高了。

峙峪人是1963年夏天在山西朔州西北峙峪遗址发现的，获得有枕骨化石一块，还有大量的动物化石和石器。动物化石共有5000多件，石器15000多件，主要有小型的砍砸器、尖状器和雕刻器等。这是新人阶段所获得的文化遗物中最为丰富的一处。据碳14测定，峙峪遗址的文化年代距

▲ 北京周口店山顶洞遗址

山顶洞人洞穴是龙骨山最大的洞穴，为北京人居住的地方。

今约为二万八千年。

峙峪人的石器具有原始细石器的特点，器形精致细小，种类繁多。其中，尖状器、雕刻器、圆头刮削器等是细石器工艺的代表。另外，还发现有原始的石镞，由此可推想峙峪人已发明了弓箭。

弓箭是一种远射程兵器，又是一种较复杂的工具，由弓背、弦、箭组合而成。峙峪人用它来猎杀远处的野兽，还可捕捞深水中一米多长的大鱼。这是前所未有的武器，等于把手伸长到几十米外，在当时属最有威力的狩猎工具。恩格斯曾评价说：“弓箭对于蒙昧时代，正如铁器对于野蛮时代和火器对于文明时代一样，乃是决定性武器。”

弓箭作为原始人常用的狩猎工具，其使用历史非常久远，意义也至为重大。关于弓箭的出现和使用，中国古代有“夷羿作弓”和“后羿作弓”的传说，大概是因为“羿”及其后代“后羿”都以善射著称才把这一伟大发明归功于

▲ 山顶洞人生活想象图

他们。

河套人骨化石是1922年在内蒙古自治区乌审旗大沟湾发现的一枚小孩的上外侧门齿，同时伴出的还有大量动物化石。1956年和1960年又在嘀哨沟湾村和大沟湾村发现了一块顶骨和一段左股骨的下半段。顶骨还具有一定的原始性，但已接近现代人；股骨骨壁稍厚，但向前弯曲的程度也已接近现代人。

资阳人是1951年修建成渝铁路时，在四川资阳县城南黄鳝溪发现的，获得有人头骨化石和椎骨化石各一块。头骨为一老年女性的，形态较小，颅顶较高。头骨最宽处的位置在两侧顶结处，冠状缝的锯纹比较简单，人字点和枕骨外粗隆点约在一条直线上。这些特征都和现代人相似，但也存在一定的原始性，如眉骨比较发达。共存的动物有猛犸象和鹿等。

上述新人的体质特征表明，猿的特征已基本消失，人类经过几百万年的改造，大致已具备了现代人的体貌特征。但人类在从猿转变成人以后，并没有停止自己的历史进程，而是继续通过自己的劳动实践，不断改造自己的体质。这

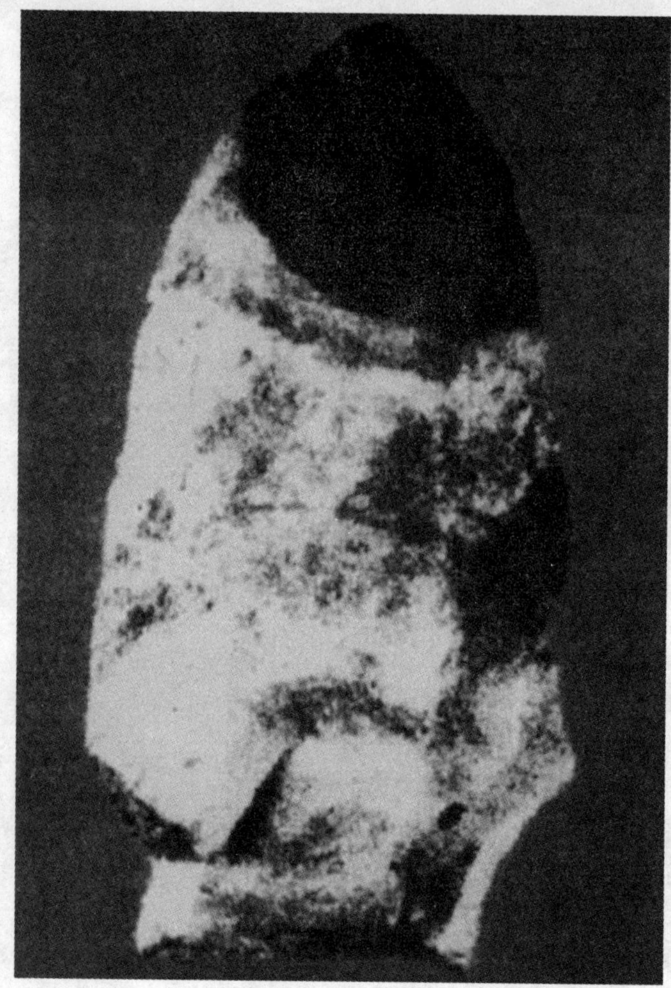

▲ 山西朔州峙峪遗址出土的石镞

时，人类早已收缩屁股上的尾巴，蜕掉全身的茸毛，变成了现代人的模样。

在劳动技能上，这时的人类由于经历了长期的劳动，双手愈加灵巧，头脑的思维能力也发展起来。虽然他们还不知道把石器磨光滑，不知道制造陶器，不知道把野禽驯养为家畜，不知道种植农作物，但对自然界客观规律的认识却在逐步加强。在此基础上，人们希望有比较稳定和持久组合的群体，并要求群与群之间发生一定的联系，以便保持继续不断的社会生产的劳动经验，这就与当时松散的原始群发生了矛盾。这种长期矛盾斗争的结果，引起了社会结构的根本改造。基于共同劳动的需要，劳动时逐渐按年龄组合分工，人类开始从松散的原始群转变成比较固定而持久的团体。

这时，婚姻方面也逐渐脱离从前那种乱婚状态，而进入血缘群婚阶段，即按照同一辈分来婚配，同一辈分的男女构成共同夫妻。这种婚姻关系在长时间内一直是社会组

▲ 后羿射日图帛画局部

图中有两株扶桑树，树上有9只鸟儿，象征太阳。据说，羿出自有穷族，他制作出了弓箭，并且善射。有一次，他与友人吴贺北游，正巧有只小雀飞过，吴贺请他射雀的左眼，羿操弓在手，却一箭射穿了雀的右眼。朋友在旁道贺，羿却深以为耻。自此，他苦练射技，把弓端好就坚守不动，瞄准时仔细揣测目标的高低位置。经过多年苦练，无论是高处的、远处的、动的、细小的，他都能百发百中。后来，他的射技被天帝所闻，便召他上天，封为射神，并把仙女嫦娥嫁给了他。

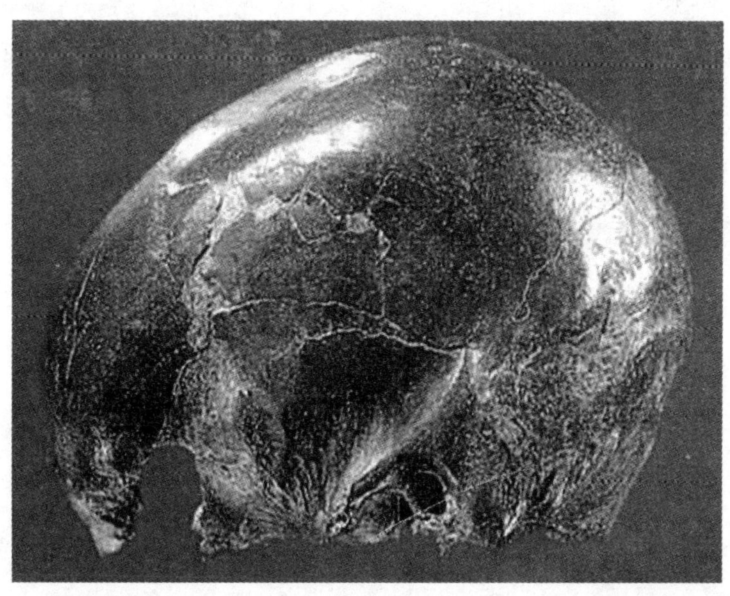

▲ 资阳人的头骨化石

资阳人距今已有35000多年，为晚期智人，属旧石器时代晚期。

织的基础。此后，新人在长期的生活中，逐渐发现这种按辈分的血缘群婚，即直系血缘近亲的通婚，给第二代或更远的后代的身体发育带来了许多缺陷。于是，逐渐改进婚配关系，实行一个集团的众兄弟与另一个集团的众姐妹之间的群婚。虽然这种族外通婚起初不是很稳固，但最终导致了一种新的社会组织形式——氏族公社的产生。

历史大视界

人类学者把现代人类分为三大种，即蒙古利亚人种、欧罗巴人种和尼格罗人种。蒙古人种的特点是脸部较宽、鼻子不高、黑头发、黄皮肤等，我们中国人就属于这一人种。

人种形成的原因十分复杂，一般认为是自然环境和历史条件长期影响的结果。在长时间自然条件的影响下，生活在不同地区的人们身体的某些部分便产生了对于自然的一定适应性。某些历史因素对人种的形成也有一定影响。

5. 母系氏族公社

昔太古尝无君矣，其民聚生群处，知母不知父，无亲戚兄弟夫妻男女之别，无上下长幼之道，无进退揖让之礼，无衣服履带宫室畜积之便，无器械舟车城郭险阻之备。

——《吕氏春秋·恃君》

氏族公社是社会发展所必经的阶段，是原始社会发展的重要时期，世界各民族都曾普遍经历过。氏族公社可分为母系氏族公社与父系氏族公社两个相互衔接的阶段。所谓母系氏族公社，就是财产由妇女经营，世系按妇女系统传递，子女随母而姓，子长则出嫁，女长则居家招夫。母系氏族公社确立于旧石器时代晚期，它的产生与新人的形成大体是一致的，时间大约从距今5万年前至四五千年前。

母系氏族公社的形成有两个主要原因：一是社会生产力水平低下；二是当时婚姻形式的变革。新人时代，生产力水平仍然相当低下，单个个体根本无法生存，只有依靠集体共同劳动、共同生产，才能勉强抵御大自然的压力。集体的维系往往以血缘关系为纽带，这就为氏族的产生提供了基础。氏族内部按性别分工，妇女负责采集食物、烧烤食品、缝制衣服等繁重任务，居主导作用；男子只管狩

▲ 母系氏族公社生活想象图

猎和捕鱼，起辅助作用，这就使妇女在社会生活中的地位十分尊崇。另一个原因便是婚姻形式由血亲婚变为族外婚。

随着原始社会的发展，血亲婚逐渐受到严格限制，族外婚开始兴盛起来。所谓族外婚，即一个氏族的整群青年男子集体出嫁到另一个氏族中整群青年女子中间。在这种婚配方式下，子女往往只知其母而不能确认其父，所以只能按女系的血统来计算氏族成员。一个母系氏族公社只有一个共同的女性祖先，同一始祖母生的若干后代，便形成一个氏族公社，若干代之后便分离出更多新的氏族，几个氏族可以组成胞族，或直接组成部落公社。在我国古代文献记载中，保存有不少反映这一社会现实的传说，如商的始祖契乃是其母简狄吞食玄鸟卵（古代称燕子为玄鸟）所

玄鸟降而生商

相传，简狄出于有娀（sōng）氏，为长女。据说她常在氏族附近的玄丘河洗澡。有一天，一只衔蛋的玄鸟从河上空飞过，她仰头观看，那玄鸟蛋正巧落入口中，回家后她便自感有了身孕，14个月后生下了契。契长大后，帮助夏禹治水建立了功勋，帝舜便命他为司徒，掌管教育，封在名叫商的地方做官，这就是商族的起源。

周族的起源

周族是居住在陕西渭水中游黄土高原上的一个历史悠久的部落。周族为姬姓，兴起于陶唐、虞、夏之际。周的始祖母为姜嫄，相传她践踩了作为神物的帝迹而心动有孕，生下了弃，这就是周的始祖。弃因善于经营农业，故号“后稷”，尧时任农师。同时，他也是观象授时的能手。相传，他能根据星辰变化来掌握农时。在很长时期里，周族首领都称后稷，可见周族是得力于农业的发展才兴起的。

生，周的始祖弃乃是其母姜嫄（yuán）践踩了帝迹而心动有孕所生的。这种“古之神圣母感天而生子”的神话，实际上就是母系氏族“只知其母，不知其父”情况的反映。据此可以推测，履大迹于雷泽生伏羲的华胥氏，以及《穆天子传》和《山海经》等书中常常提及的西王母，都可能是西戎部落传说的母氏系族中带领人们开拓荒原、与自然搏斗的著名领袖人物。其中，《淮南子》中详细讲述了有人类始祖之称的女娲氏采五色石以补天，积芦灰以止淫水的故事：

女娲造人后，定居昆仑山中，向来无事。忽然，有一天，天地发生大冲撞，支撑苍茫天穹四个边角

▲ 中华民族的始祖母华胥氏圣像

华胥氏是神话传说中女娲和伏羲的母亲。

▲ 汉画像石“西王母与玉兔捣药图”

神话传说中的西王母是一位披头散发却佩戴玉饰的老太婆，她长着老虎的牙齿、豹子的尾巴，而且擅长啸叫。她原先住在西方玉山的山顶洞穴里，后来迁居到与天接壤的昆仑山，任务是掌管天灾、瘟疫和刑罚，也炼制、收藏不死灵药。她养了三只红头黑眼的青鸟每天为她取食报信。传说，她曾赠予羿不死灵药，还热情接待了西周穆王。

的四座天柱山折断了。天上崩开一条巨大的裂口，地面也爆裂塌陷，洪水从地心喷涌而出，漂走山岭；妖魔禽兽，趁机肆虐，亿兆子民，顿处水深火热之中。女娲闻求助之声，忙杀死水妖平息水患，又断巨鳌四足建起天柱。为了补住天上的裂口，她接着去寻找与天一色的青石，由于地上没有那么多，她就把红、黄、黑、白四色石头掺入其中，伐昆仑山木材炼火熔浆。当五色石如糖饴似的流淌在天的裂缝中时，女娲才感觉到累了，但想起地上裂开的大沟大壑，便又顾不上休息，弯腰捧起芦灰把地填平。当天空青碧一色，大地恢复如初的时候，女娲躺下了，从此就再也

◀明代画家萧云从的《女娲补天图》

图中女娲的造型为人面蛇身，双手举着五色石，躯体则被熊熊烈火所包围。

没有起来。

像以上这种远古传说，只有用母系氏族社会的现象去解释才最为合理。又如，中国古代有女子称姓的习惯，而所有的古姓，大都从女偏旁，如妫、姚、姬、姜、嬴、姞、好、匽等，这都证明我国古代社会有过一个以女性为中心的时期。

距今1万年左右，我国的母系氏族公社进入繁荣阶段，这一时期相当于考古学上的新石器文化时代。建国以来，我国境内发现的新石器时代文化遗址有6000多处，主要分布在黄河流域和长江流域。其代表性文化有仰韶文化和河姆渡文化。河姆渡文化因于1973年在浙江余姚县河姆渡村

▲ 河姆渡文化遗址

发现而得名，主要分布在浙江东部，距今约6000~7000年，是江南地区迄今发现的最早的新石器文化。

仰韶文化因于1921年首次在河南渑池仰韶村发现而得名，分布地区很广，遍布黄河中上游地区，目前已发现1000多处遗址，距今约5000~7000年，比较著名的文化遗址有陕西西安半坡遗址。

半坡遗址是母系氏族发展时期最具代表性的文化遗址。半坡村的原始居民是定居的，他们以氏族或部落为单位建立村落，村落遗址略呈椭圆形。村落中有一间面积达120平方米左右的大房子，可能是氏族首领的住室或议事场所。

▲ 仰韶文化（母系氏族社会）的房屋及家庭生活场景想象图

居住区之外有窑场、公共墓地等。从已发现的墓地来看，没有男女合葬的现象，说明这时的人们是实行两个氏族群婚阶段的族外婚。族外婚的发展有助于人类的发育和繁衍，并可加强各通婚氏族间的联系和互助，这是人类历史的一大进步。

半坡遗址所反映的母系氏族时期，农业已经出现，处于“锄耕农业”阶段，主要生产工具是石器、陶器等，谷物是粟和稻。家畜饲养业也已出现，主要是饲养猪和狗，但狩猎和采集在经济生活中仍处于重要的地位。这时居民的原始手工业已相当发达，主要制有陶器、石器、骨器、木器、编织品、纺织品等。其中，有些陶器上绘

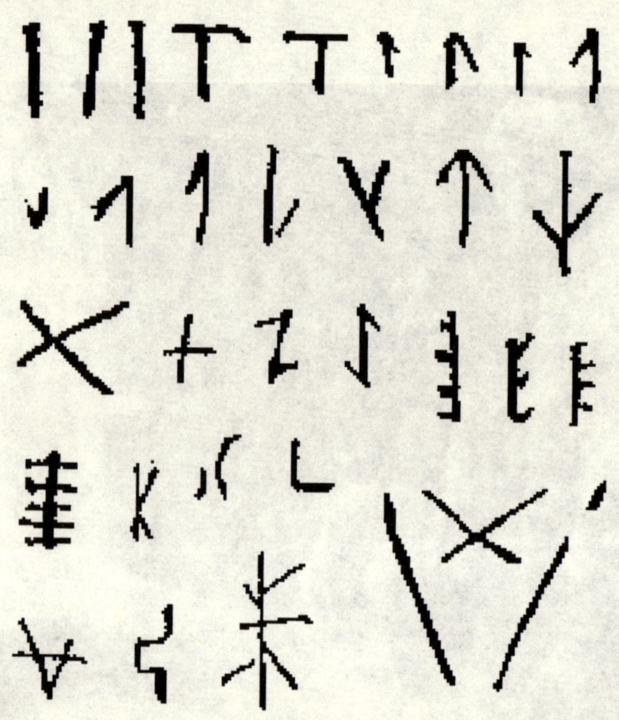

▲ 西安半坡出土的仰韶文化彩陶上的刻画符号

有彩色图案和类似文字的符号，说明当时的绘画和雕塑等造型艺术已有发展，中国文字也极有可能在此时已经开始萌芽了。

历史大视界

从距今约1万年开始，我国的大部分地区陆续进入新石器时代。磨制石器的使用、陶器制造的开始、农业的出现、居民村落的普及、氏族制度的形成等，是这个时代区别于旧石器时代的主要标志。新石器时代延续了五六千年左右的时间，到距今4000年左右结束。这是人类学和历史研究上所谓的“野蛮时代”，是人类由蒙昧走向文明的过渡阶段。

在我国境内，新石器文化遗址遍布黄河流域、长江流域、东南地区、西南地区、北方地区等几个大的区域。各个地区的文化遗存各有特点，为了比较准确地表现各个地区文化的历史面貌，我国考古学把较为重要并且延续时间比较长、覆盖面比较广的定名为某种文化，在文化以下，又分为若干类型。按照时间顺序，新石器时代可以分为早期、中期和晚期三个阶段。大体说来，早期在距今10000~7000年之间，晚期在距今5000~4000年之间。新石器时代的主要早期文化遗存有：裴李岗文化、老官台文化、兴隆洼文化、彭山头文化；主要中期文化遗存有：仰韶文化、大汶口文化、红山文化、河姆渡文化；主要晚期文化遗存有：龙山文化、齐家文化、良渚文化、石峡文化。

6. 采集与渔猎

古者伏羲氏之王天下也，仰则观象于天，俯则观法于地，观鸟兽之文与地之宜，近取诸身，远取诸物，于是始作八卦以通神明之德，以类万物之情。作结绳而为网罟，以佃以渔，盖取诸《离》。

——《易传》

人类已经有二三百万年的历史，但农业的出现不过一万年，畜牧业则更晚一些。在原始农业、畜牧业兴起之前，远古人类主要靠采集大自然中的天然产物和渔猎来获取食物，使用的工具以打制石器为主，也包括各种木器、骨器和角器。

最初的石器只是用砾石打制成的砍砸器，制作方法十分简单，仅在砾石的一端打出几个锋利的缺口，此外也有一些粗糙的无定型的石片。这些工具或椭圆形，或扁桃形，一端尖锐，一端钝厚，使用时用手握住钝厚的一端，可以用来切削东西、挖掘块根或打击野兽，所以有人称之为“万能工具”。

古人时代，人类发明了利用石砧打制石器的方法，主要用于制作大型砍砸器。

▲ 原始人采集图

新人时代，石器制作技术又有了长足的发展，形状更加精确美观，种类也更加多样，用狭长的石叶制成的工具占了很大的比例。这种石叶是在石片上进行琢削和压削等第二次加工制成的，使用这种技术可以制造各式各样的工具和武器，如切割器、刮削器、雕刻器、石矛、石刀等等。磨制石器的方法也在这时出现，但磨制部位仅仅在锋刃，骨角器如鱼叉、鱼钩、骨针等已大量使用，还出现了投矛器。特别重要的是，复合工具和复合武器也在此时发明出来了。

远古时期的工具都是多功能的，所以当时的工具都可以运用到采集上：以石斧砍伐树木，以石刀采摘树上的果实，刮削器和石片刮下菌类食物和剥取果皮，用石块和石球进行敲击等等。

尖木棒也是原始人类的重要采集工具，它是由原始木棍演变而来的，一般是一头为木柄，一头有尖，有时还在其上套一个穿孔石头以增加分量。这种复合工具的基本特

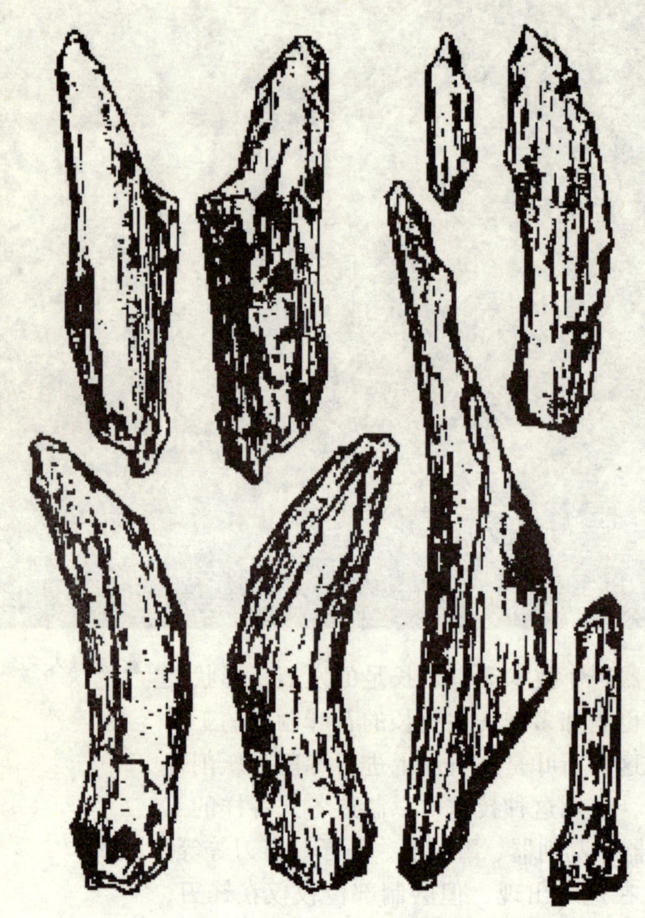

▲ 北京猿人可能当工具使用的骨片和鹿角

征，是在一个扁圆形的砾石中央穿一个孔，然后套在尖木棒中间偏下的地方。为了防止脱落，还在尖木棒和石器之间加一个木楔。这种装有穿孔石器的尖木棒，是人类的一大发明，在远古农具史上也占有重要的地位，它不仅提高了掘土效率，促进了采集和农业的发展，也改变了操作方法。操作尖木棒刺土时，人们不仅能用双手合力推刺，还能以脚踏穿孔石器，手足配合，把尖木棒推刺进土中，然后用杠杆原理把土翻上来。特别是扁圆状穿孔石器的流行，尤其适于脚踏。后来随着耜耕或锄耕农业的兴起，耒、耜（今铁锹的雏形）等农具大量推广，这种农具正是在尖木棒和带有穿孔石器尖木棒的基础上发展起来的。不过，由于耒、耜等农具木柄甚粗，重量也成倍增加，一般都不安装穿孔石器了，代之而起的是一根脚踏横木。

尖木棒加穿孔石器的出现，是原始社会工具发展史上的一件重要事件，它不仅标志着石器制造工艺有了新的发展，也反映了木制工具达到了一个新的水平，展示了我国原始经济由采集活动走向农业耕作的重大进步。

随着采集工具的日趋复杂和多样化，原始人类的采集

◀ 山东武梁祠汉画像石“神农执耒图”

早期的耒即尖木棒，后来产生了双齿木耒，就是前带双叉的木棒。图中神农所执即为双齿耒。

对象也开始由植物类转向小动物类。一般来说，采集是最简单的谋食方式，主要是以人力，利用简陋的工具，从事采集活动，如摘取植物的叶子和果实，挖掘块根，捡飞禽的蛋等。捕捉的小动物，主要包括陆上的小型禽类和水生贝壳类。在新石器时代文化遗址中到处都能碰到蚌壳、螺蛳壳，如在台湾、福建、广东和云南等地发现的很多贝丘遗址，其中堆积着大量螺蛳、蚌等软体动物残骸。有的面积大到几千平方米，厚度达几米甚至几十米，几乎形成小山丘，所以又称贝丘遗址。

从人类历史的长河中考察，采集是一种采集天然产品的谋生手段，而且是最容易的谋生手段，采集对象多，分布广泛，工具简单，但它的缺陷是依赖自然界，因采集对

▲ 广西灰窑田贝丘遗址

该遗址位于南宁近郊的邕江岸边，属新石器时代早中期，面积约2000平方米，为邕江沿岸较为大型的贝丘遗址之一。画面中成层的螺蛳堆积，乃是古人当时的重要食物之一。

象的分散而使人口分散，限制了人口的集中。同时，由于产品有限，也不能完全满足人类的需要，更难对人类文明的产生起什么作用。不过，人类在采集实践中初步熟悉了季节的变化、野生植物的生长规律，以及从事采集、加工、贮藏的方法，从而获得了初步的生产知识，为农耕经济的产生开创了先河。

人类最早的谋生手段除采集外，还有捕鱼。在旧石器时代遗址中曾出土有不少青鱼鱼骨，新石器时代遗址中鱼骨则出现更多，这标志着捕鱼活动有了很大发展。《周易·

▲ 彩绘船形彩陶壶

仰韶文化半坡类型，高 15.6 厘米，长 24.8 厘米，陕西宝鸡北首岭出土。此壶形状像船，头尾尖尖，杯口，短颈，平肩，两肩上各有半环耳可以系绳。在船腹处用黑彩绘有网状纹饰，像张挂鱼网，应与当时人们的渔猎生活有关。

系辞》记载："古者伏羲氏之王天下也，作结绳为网罟，以佃以渔。"《尸子》中说："燧人之世，天下多水，故教民以渔。"这说明渔业产品在远古人类的生活中有着重要意义。但捕鱼相对采集来说难度较大，因为鱼类生活在水中，要捕到它就应在工具上不断改进，因此捕鱼成为人类最有创造性的攫取经济方式。有学者评价说："自从有了这种新的食物以后，人们便不受气候和地域的限制了，他们沿着河流和海岸甚至在蒙昧状态中也可以散布在大部分地面上了。"

人类最初的捕鱼方法是用手摸鱼、抓鱼，或竭泽而渔。后来在投矛器和弓箭的启发下，人类开始用叉叉鱼，用箭射鱼。叉鱼是最古老也最流行的捕鱼方法，它是利用鱼镖、鱼叉等器具刺杀鱼类，然后把鱼扎出水面。鱼镖起初是由木、竹制成，在一根修长的木竿或竹竿上，削成尖刃即可使用。后来又在刃部装上骨器或石器，尾部系上绳索，用以在深水中捕捉大鱼。这种器具在西安半坡遗址、泰安大汶口文化遗址中均有出土。鱼叉的结构与鱼镖大同小异，比较大的差异是叉头取代镖头，即刃部为两股、三股或四股叉。叉鱼多在白天或月明之夜，而且是河水清澈之时，当鱼浮在水面或者能看到其游动时，便将叉投去，一般都能百发百中。

弓箭发明之后，人类也用它来猎取鱼类，有时还在尾部系上绳索。当鱼被射中时，会猛烈挣脱，企图将箭甩掉，这时捕鱼者握住绳索，顺着水势和鱼的游向，时松时拉，直到把鱼弄得疲惫不堪，才把鱼拉到岸边，用鱼网捞上来。河姆渡文化有吃鱼风俗，但捕鱼工具发现较少，仅有鱼镖。不过，有大量骨镞出土，说明当时可能多以弓箭射鱼。

相对于捕鱼来说，狩猎是原始人类最大的肉食来源，

▲ 原始人使用的叉鱼工具——骨鱼镖

骨鱼镖接上长木柄后才能使用，有两种接柄方式：一是把鱼镖捆绑在木柄前端，二者固定在一起；二是把鱼镖的尾端插入木柄前端的銎孔中，这种鱼镖被称为“脱柄鱼镖”。这件骨鱼镖是脱柄鱼镖的镖头，其尾端有一个帽状凸节，使用时在凸节前系绳索，然后插入木柄前端的銎孔中。捕鱼者手持镖柄投人水中刺鱼，刺中鱼后，由于水的阻力和鱼的挣扎，镖与柄脱离，捕鱼者利用骨鱼镖凸节前拴的绳索将鱼提上来。

它能使人们得到蛋白质、脂肪和碳水化合物等重要的营养物质，促进了大脑和体质的发展。同时，猎物也提供了不少制作生产工具、生活用品的原料，如骨角可制工具、武器，皮子可做口袋、水桶，毛可搓绳、编网等等。

人类最早使用的猎具是天然木棒和石块，后来才使用木矛或打制而成的石制手斧。在英国旧石器时代早期的克拉克当遗址中曾经发现一段紫杉木的木矛，德国莱林根阿修尔文化层中也曾发现一根用石器削制的紫杉木矛。由于木制工具不易保存，这样的实物显得特别珍贵。它们的出现说明早在直立人时代，原始人类就已经开始用木矛进行狩猎了。

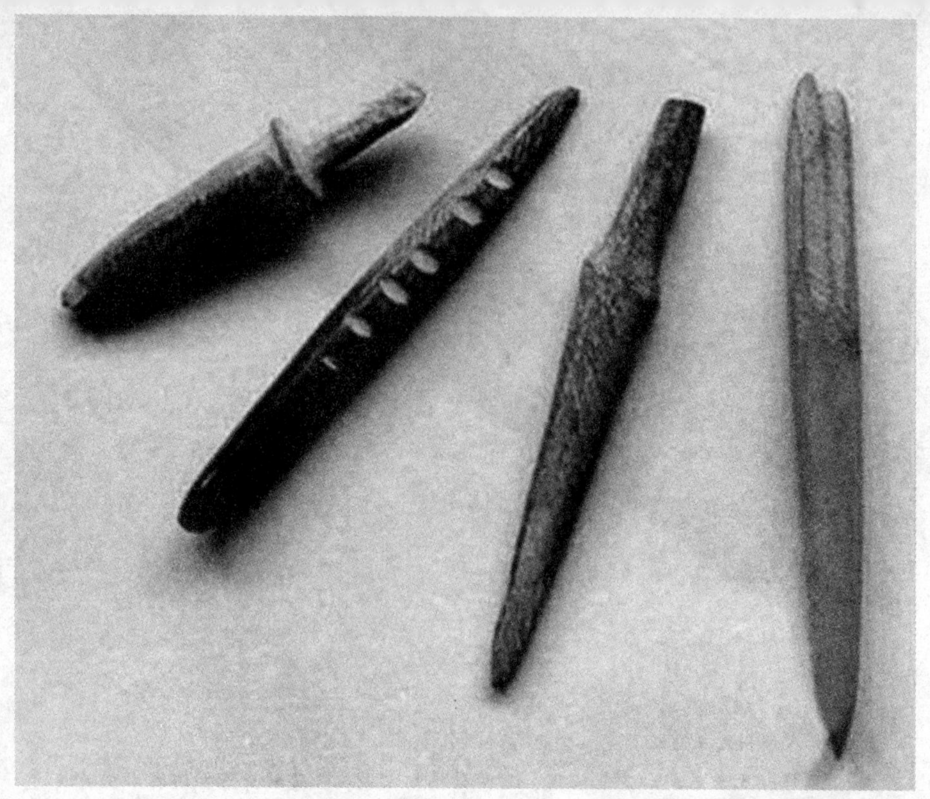

▲ 河姆渡遗址出土的骨镞

距今 7000~6500 年，长分别为 5.6 厘米、7.7 厘米、8.0 厘米、8.8 厘米，分斜铤式、柳叶式和圆铤式三种。斜铤式锋长而粗壮，锋端尖锐，铤部加工成斜面，以便绑扎箭杆，其中有一件的绑扎部位错磨若干缺口以防箭杆滑动。柳叶式骨镞为管状骨破条制成，锋部宽扁，铤锋分界明确，整器磨制较粗糙，装箭杆方式为铤部嵌入箭杆再捆绑加固。圆铤式骨镞的锋部如子弹形，锋、铤分界处起脊，铤部粗磨成圆柱形，锋部略残，装箭杆方法也是嵌入式。骨镞是一种常用的狩猎工具，损耗大，故在河姆渡遗址出土文物中的数量最多，几乎占全部出土文物的 1/6。

除木矛之外，石球和飞石锤也是人们较早使用的狩猎工具，如我国陕西蓝田、河南三门峡、山西芮城、北京周口店、山西丁村等旧石器遗址中均有出土。新石器时代发现的石球就更多了。其中许家窑的石球有三种型号：大号石球重1500 ~ 2000克，中号石球重500 ~ 1500克，小号石球重90 ~ 500克。这些石球以石灰岩、火山岩和石莫岩为原料，制法分三步：一是把砾石打成粗略的球状；二是反转

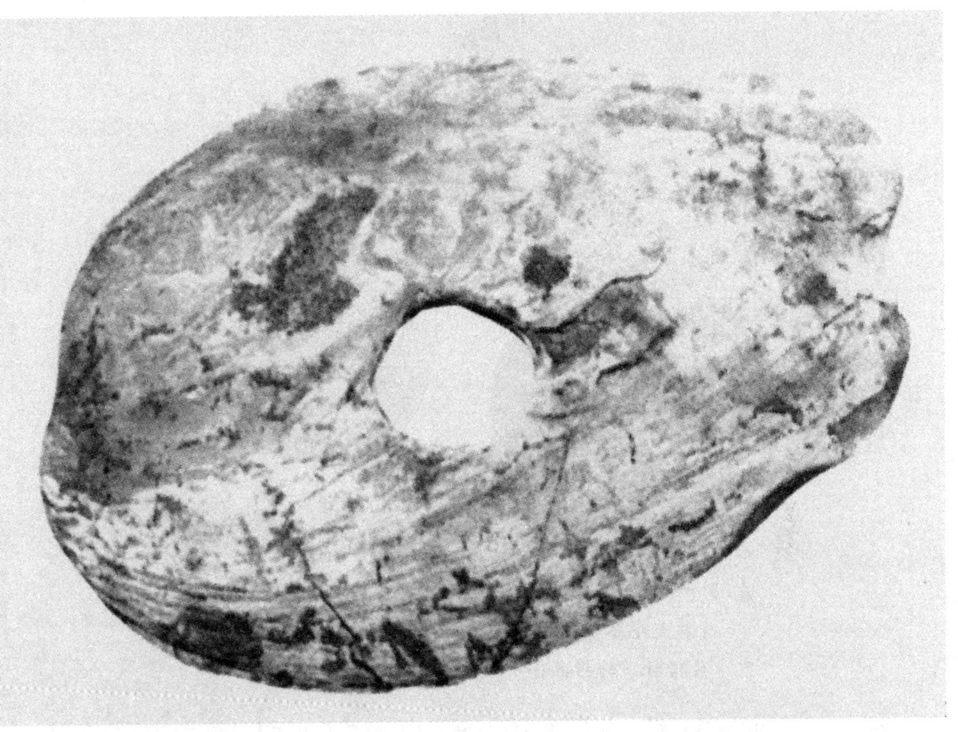

▲ 手斧

这是蓝田人常用的挖掘、砍砸、刮削工具。他们生活在秦岭北麓，山上有茂密的山林，凶猛的剑齿虎、豹、熊等出没其间，成群的鹿和犀牛也是蓝田人猎取的目标。

打击，去掉边棱突角，制成荒坯；三是左右手各持一荒坯对击，把原来打击时出现的坑疤磕掉即成球形。新石器时代的石球则经磨制加工，适于在平原上狩猎用，这是弓箭发明前人类最重要的狩猎工具。

飞石锤是系有绳索的石球，狩猎时将石球和绳索一块抛出，或击或捆，进而捕获野兽。飞石锤的使用是远古狩猎技术的重大革命，尤其从旧石器时代中期以后，它使某些居民成为猎马人（古人的一种），对氏族的形成有着重要意义。

▲ 山西阳高许家窑遗址出土的旧石器时代中期石球

这些大小不等的石球是在距今大约10万年前的许家窑人狩猎时用的猎具。

此外，弓箭也是我国远古人类的重要发明。在旧石器时代晚期的山西峙峪村遗址，发现了一件原料为燧石的锋利尖状石器，经考古学家鉴定，认为“除了把它鉴定为石镞外，没有别的方法来解释它。”可见旧石器时代晚期，远古人类已经在使用这一利器了，这是人类历史上的一件大事。以前人们对于天空中的飞鸟，对于距离较远的兽类都很难猎取，有了弓箭就可以随意射杀了。恩格斯说：“由于有了弓箭，猎物便成了日常的食物，而打猎也成了普通的劳动部门之一。”弓箭使打猎的范围扩大，提高了狩猎效果，从而促进了当时社会生产力的发展。

狩猎是一种艰苦、复杂的劳动，在远古时代是依靠集体的力量进行的，围猎和陷阱是这一时期常用的手段。具体做法是用石头、木矛、火把、喊叫来惊吓野兽，使它们不断奔跑，得不到喘息的机会，最后力竭倒下，或者把野兽赶向掘好的陷阱或悬崖，让它们摔死。用这种方法可以猎取到成群的大动物。

总而言之，狩猎和捕鱼是一种古老的攫取经济方式，这种攫取方式所得来的生活资料在旧石器时代一直是人类衣食的主要来源。而且，随着石球、投枪、弓箭等利器的应用，出现了专门化的猎人，如猎马人。但渔猎的成功带有偶然的因素，而采集则可提供相对稳定的食物来源。考古学家根据石器类型的分化，推测旧石器时代中期就有了性别的分工，即男子从事渔猎，妇女则从事采集。这对生产经济的出现、第一次社会大分工的产生有着重大的社会意义。

▲ 丁村人狩猎想象图

历史大视界

距今约15000年前，旧石器时代开始向新石器时代过渡，这一过渡时期称为中石器时代，从这时起，人类的经济活动又有了进一步发展。

在中石器时代，全球气候与生态环境发生了显著变化。随着第四纪最后一次冰期的结束，冰河开始融化，冰川后撤，全球气候转暖，欧亚两洲的冰原地区被森林和草原所取代；在非洲，全球冰期时的多雨气候转为干旱气候。植被与动物群也发生了变化。旧石器时代的不少大型动物灭绝，数量大为减少，适于森林草原地区生活的中小动物和鸟类增多。这时，人类狩猎的对象发生了变化，而且经济活动内容扩大到江河湖海地区，渔猎经济也有了发展。

经济活动的变化促使生产工具发生变革。石器制作技术提高，普遍出现细小石器，如石镞、石刀、雕刻器等。这些细小石器通常镶嵌在复合工具上使用，在鱼叉、投掷尖矛、标枪等复合工具广泛使用的基础上，人类发明了远射程武器——弓箭。弓箭的制造，促进了狩猎的发展，这是原始社会技术显著进步的一个标志。德国北部汉堡附近的斯坦尔莫，发现了人类最早使用弓箭的证据，时代约为公元前8500年。

中石器时代文化以欧洲南部的法国、西班牙的阿齐尔文化为代表（公元前9000~前8000年）。其居民普遍使用带双尖的石叶，带倒刺的鱼叉。北部以马格尔莫斯文化（公元前6000年）为代表，其分布范围是从波罗的海向西跨西北欧到英国。居民以渔猎和采集为生，制造的细石器以斜钝边尖状器最为常见，单列排刺的骨制鱼叉是典型的渔猎工具。在非洲、北美都出现过以细小石器和弓箭为特征的中石器文化，如南非的威尔顿文化、斯密斯菲尔德文化和中非的奇托利文化。

7. 原始农业

古者民茹草饮水，采树木之实，食蠃蛖之肉，时多疾病毒伤之害。于是神农乃始教民播种五谷，相土地宜燥湿肥硗高下，尝百草之滋味，水泉之甘苦，令民知所辟就。当此之时，一日而遇七十毒。

——《修务训》

在旧石器时代，人类只能依靠采集和渔猎获取生活资料，这种攫取性经济十分脆弱，随着人口数量的增加、生存圈的扩大，已很难满足人们对基本生活资料的需求，我们的祖先在氏族制度形成之后，根据各氏族的历史、地理等不同的具体条件，从事生产活动，因而各地区的氏族部落在经济生活和文化面貌上，就产生了各种差异。有一些氏族部落形成了以农业为主的经济；有的则形成了以游牧业为主的经济（如北方、东北和西北的草原地带）；还有的仍然以采集和渔猎等自然经济为主。

从考古发掘资料来看，大约在六七千年前（相当于新石器时代），我们生活在黄河流域和长江流域的先民已经开始了农业生产，由此可以推测，原始农业的起源必然在这之前。

随着氏族制度的发展，妇女在长期经营采集经济的实践活动中，逐渐掌握了一些野生植物的生长规律，发现某些植物的种子在一定的土地、水分、季节条件下，可以发芽、开花、结果。她们有意无意地在居住地附近撒些种子，待其生长，这就是最原始的农业。所以，农业的发明，与妇女的采集活动密切相关，这也是决定氏族社会初期妇女在当时生活中占重要地位的原因之一。

农业的产生使人类开始定居生活，学会了石器的磨制和钻孔技术，学会了陶器的制作和牲畜的饲养，提高了生

▲ 半坡村出土的新石器时代的粟

粟，古称禾、谷或谷子，其子实称为小米。

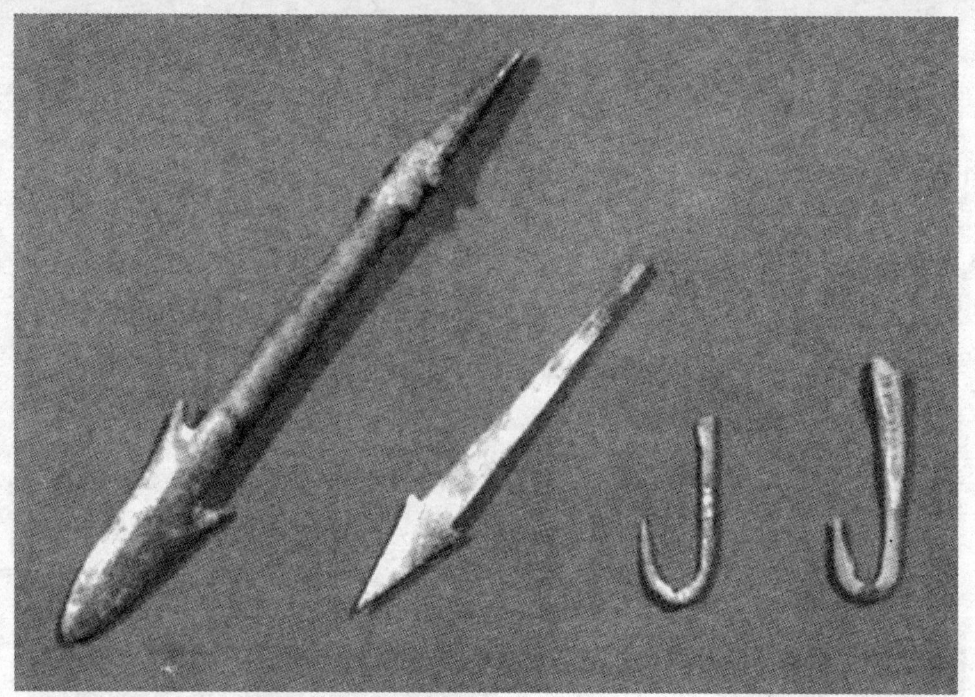

▲ 半坡人使用的骨制鱼叉、箭头和鱼钩

产力，改善了生活条件。在黄河流域、长江流域等适合农业生长的地区，母系氏族公社迅速地发展和繁荣起来。其中，最具代表性的是仰韶文化和河姆渡文化。

仰韶文化主要发源于黄河中上游地区。在我国北方黄土地带，原始农业最先栽培的植物是粟（即小米）。粟具有耐旱、自生能力强等特点，而疏松肥沃的黄土又具有“自行肥效”的能力，有利于毛细现象的形成，黄土高原半干旱的气候条件，特别有利于粟的生长。在西安半坡遗址、宝鸡北首岭和华县泉护村等遗址的窖穴、房屋和墓葬中，都发现了谷物的皮壳，经鉴定就是粟。另外，在半坡遗址的一个陶罐里，还发现有白菜和芥菜之类的种子，可能是当时的人们有意储藏，以备种植之用。可见在我国农业生产中，不仅种粟，而且种植蔬菜也有着久远的历史。

从遗址中可以看到，当时的耕地分布在村落附近，使用的农具已从过去的打制石器改进为以磨制为主的较为精致的石器，主要有磨光的石斧、石刀、石杵、石锛等。骨器以骨铲居多，另外还有狩猎、捕鱼用的生产工具。西安半坡遗址发现的骨制鱼钩制作精巧，其中两件还有尖锐的倒钩，精巧程度可与今天的鱼钩相媲美。姜寨和半坡遗址都发现了饲养牲畜的圈栏遗址。从仰韶文化各遗址所发现的诸多遗迹、遗物的数量比例上看，当时人们的经济生活是以农业为主，而其他的如采集、渔猎和家畜饲养，只不过是作为副业而已。

原始的农业生产是粗放型的，人们用石斧、石刀砍去树木，铲除杂草与荆棘，晒干后焚毁，灰烬成了天然的肥料，再用石杵、石锛进行简单的松土平整后即行播种，这种原始农业常称为刀耕火种（南方为适应水稻的生长还需耨田，称为火耕水耨）。原始农业的发明是人类征服自然界的一个新的里程碑，所以新石器时代又被誉为“农业革命时代”，我国古史传说中则把它称为“神农氏时代。”

传说神农氏为发明农业，吃尽了千辛万苦。《淮南子》云：“神农尝百草之滋味，一日而遇七十毒。”晋干宝《搜神记》卷一云：“神农以赭鞭鞭百草，尽知其平毒寒温之性，臭味所主，以播百谷。”《述异记》卷下谓：“太原神釜冈中，有神农尝药之鼎存焉。成阳山中，有神农鞭药处。”《世本》云：“神农人身牛首。”

▼成套的石锛

▲ 清代著名画家吴承砚所作的神农画像

我国古史中炎帝又称神农氏，是三皇中的一位。但据郭沫若等多位史学家研究认为，神农氏乃是族称，而非炎帝本人。

这些神话故事说明，农业的产生有三种可能性：一是“天雨粟”说。《周书》云：“神农之时，天雨粟。神农遂耕而种之，作陶冶斧斤，为耒耜锄耨，以垦草莽。然后五谷兴助，百果藏实。”二是“丹雀衔九穗禾”说。晋王嘉《拾遗记》云：“炎帝（神农）时有丹雀衔九穗禾，其坠地者，帝乃拾之，以植于田，食者老而不死。”三是“尝百草”说。在神农发明种植前，所有植物都属于“百草”之范畴，神农通过“尝百草”选出了良种，“耕而种之。”

三种说法中，前两种较为虚妄，多神话色彩，与实际情况难符，而第三种说法基本上与历史事实相符。因此，

▲ 河南沁阳神农山的神农铜像

位于太行山南麓的神农山，地势北高南低，山势陡峻，奇峰林立，高度在百米的悬崖举目可见，深沟终年不见阳光。相传这座山就是炎帝辨百谷、尝百草、登坛祭天的圣地。每年农历三月初三神农诞辰，这里都有祭祀炎帝的活动。

人类最后选定的一些农作物，是长期实验的结果。黄土地区土壤持水和保肥能力都比较低，但有较好的毛细作用。这两个条件制约了农业起源过程中选择培育作物品种的方向。中原地区的原始人看到大量野生狗尾草的祖本，将其采集、选择，一步步培育成自己的主粮——粟。

当时的南方地区土地肥沃、雨水充沛，先民们就采集当地的野生水稻祖本，进行培植，使之慢慢变为南方人的主食。在浙江余姚河姆渡文化遗址中就普遍发现了稻谷、

▲ 陕西宝鸡炎帝园

原为宝鸡市河滨公园，1993年在园内异地重建炎帝祖祠，于是更名为炎帝园。

谷壳、稻杆、稻叶等的堆积，厚度从一二十厘米到七八十厘米。根据对其中部分完整谷粒外形的鉴定，认为属于栽培稻的籼稻稻谷。

另外，河姆渡遗址中还有骨制农具耒和耜。关于耒和耜的区分，目前有两种说法。《国语·周语》韦昭注："入土曰耜，耜柄为耒。"就是说，这种农具的头部称耜，耜的木柄称耒，但这种说法与先秦文献中有关耒耜的记载多有不符。如《管子·海王》云："耕者必有一耒、一耜、一铫。"可见，耒和耜是两种独立的农具。《吕氏春秋·任地》谓："是以六尺之耜，所以成亩也。"这里所说的

精卫填海

据《山海经》记载，炎帝的小女儿名叫女娃，从小酷爱水上运动。有一日清晨，她独自驾舟去海里玩耍。起初，海面上风和日丽，海风微微吹拂，不谙世事的女娃便纵舟滑向了大海深处。霎时间，平静的海面吹起了比刀刃还锐利的海风，海浪扑天盖地地席卷过来。女娃左避右挡，力气越来越弱，夜幕降临时，她同小舟一起沉向了海底。

几天过后，一只小鸟在女娃溺水的地方破浪而出，它花头颅，白嘴壳，红脚爪，样子有点儿像乌鸦，这就是女娃不屈的冤魂化就的精卫鸟。

精卫鸟栖身于布满柘木林的发鸠山上，它天天从发鸠山衔小石子或者小树枝，展翅高飞，直至东海，把石子或树枝投下去。这样日复一日，年复一年，精卫立志填平大海的心愿却从未改变过。人们被这种精神所感动，把精卫鸟又称作"冤禽"、"誓鸟"、"志鸟"。

▲ 河姆渡遗址的堆积碳化稻谷

1973 年出土，其保存完好、年代久远在其它遗址中是绝无仅有的。

耜长 6 尺，显然不是指入土的耜。所以，有学者明确提出，耒和耜是两种农具，其区别在于刃部的不同。耒是双齿刃，而耜则是有宽度且尖首型的农具。根据这类说法，我们推测河姆渡遗址出土的所谓“骨耜”，并非都是“骨耜”，那些双齿刃的应是“骨耒”。骨耜和骨耒的出现是原始农具的一次重要革新，它们不仅数量多，而且制作精美。耒耜是用个体较大的偶蹄类动物的肩胛骨，去掉骨脊制成的，其刃部多为平铲状或半圆舌尖状，也有叉状或波浪形的。骨面正中有一道凹槽，两侧有两个平行的长孔，顺着浅槽绑上一根木棒，再用绳穿过长孔把木棒绑紧。骨柄厚处凿有横穿的方孔，可以穿过一条小木棒，以供足踏，把刃部切入土中，从事翻土耕种，这已是一种比起刀耕火种要进步的农耕方法。

从河姆渡出土的文物观察，当时的农作物主要是水稻，农具有骨制耒耜，家畜有猪、狗、水牛，还有以榫卯技术制造的干栏式木质建筑。陶器是夹炭末的黑陶，有釜、钵、罐、盆、盘等。这种文化面貌与同时代黄河流域的仰韶文

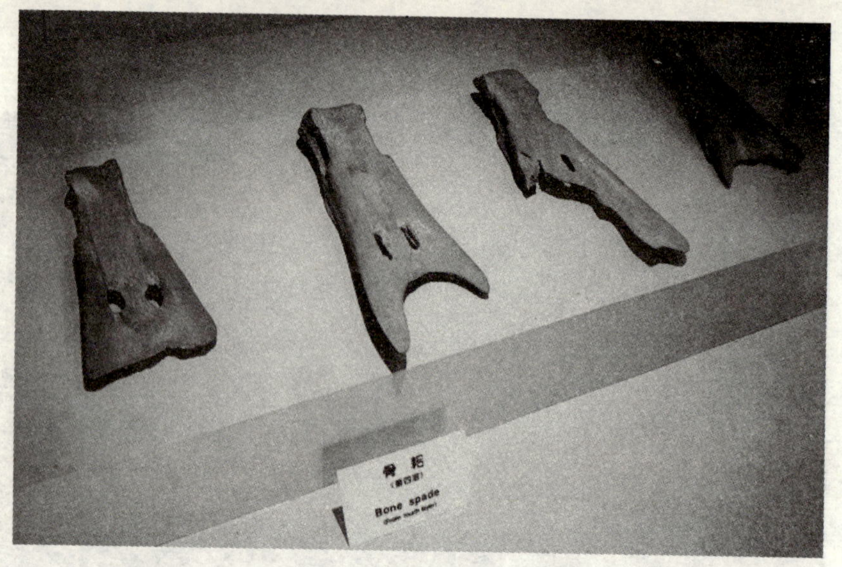

▲ 河姆渡遗址出土的农耕工具——骨耜

这种器具用鹿、水牛等动物的髋骨、肩胛骨加工制成，上端厚且窄，下端薄而宽。上端加工修整，两侧较平，上端或中部有穿孔，以供装柄时捆绑加固。由于长期使用，刃部磨损严重。骨耜轻便省力，黄河和长江流域的先民广泛用作修垄筑堤、排水灌溉的翻土工具，是河姆渡文化的典型农具。

化比较起来略先进一些。仰韶文化遗址中出土的农具只有石铲，没有骨制耒耜；家畜只有猪狗，而未见水牛；住房为半穴居式；陶器则以红陶为主。据此，我们可基本否定学术界一直存在新石器文化起源于黄河流域的说法，而可以肯定长江流域如同黄河流域一样，也是中华民族古文化的重要摇篮。同时，以往国内外考古界多认为水稻乃是从日本或印度传来的。印度出土的稻谷，其年代距今约三四千年左右，最早的一处距今约4300年，而日本则更晚一些。在我国出土的稻谷遗址共有20多处，大多距今四五千年以上，其中河姆渡遗址出土的籼稻距今约7000年，可见，中国才是世界水稻种植的发源地之一。

我国是古老的农业大国，无论是神话传说、文学典章，还是地下发掘，都证明我国早在八九千年前就进入了农业社会。至于作为农业发明者的神农氏，恐怕不会是一个人，而是指整个庞大的社会群体。

历史大视界

新石器时代，人类发明了农业，农业的产生是人类历史上的一次巨大革命。

世界上主要的早期农耕中心有三个地区，即西亚、东亚和中南美洲。

西亚的扎格罗斯山区，小亚细亚半岛南部、东地中海沿岸的约旦、巴勒斯坦、黎巴嫩等地，是世界上最早的农业发源地，也是大麦、小麦等栽培植物的原产地。对伊朗西部阿里·库什、盖达勒、伊拉克耶莫、土耳其的恰约尼、巴勒斯坦的耶利哥等遗址的考古发掘表明，公元前8000年代末，这些地区的居民已从事原始农业并驯养动物。

东亚的早期农业发源地主要分布在中国、印度和泰国。古印度约于公元前4500年开始栽培水稻。公元前7000年，泰国北部已种植豆类、葫芦、黄瓜等作物。

中南美洲的墨西哥、秘鲁、玻利维亚分别是玉米、豆类、马铃薯等作物的原产地。

早期农业极为原始，最初的农具仅是一根削尖的木棒，人们用木棒、开叉的树枝、极简陋的石犁、木锄来开垦，然后播种，也用砍倒树木、焚毁树林的办法来扩大耕地。早期农耕阶段，采集、狩猎在经济生活中仍占有一定地位。

8. 原始畜牧业

拘兽以为畜。

——《淮南子》

大约在距今一万年左右，母系氏族社会进入了繁荣期，经济方式开始从采集向农业过渡，对待动物上也发生了根本变化。一方面，随着人类生活水平的提高，人口数量的增大，对动物所提供的皮、毛、肉等产品的需要也越来越多，这是狩猎经济方式所不能满足的。

随着农耕经济的逐步发展，定居生活方式基本稳定下来，这为饲养动物提供了条件，而人类在狩猎时积累的各种经验，也为驯育动物准备了必要的技术知识。

把野生运动驯化为家畜是一个漫长的过程，一般可分为三个阶段：驯养野生动物、繁殖家畜和人工选择。狩猎民族驯育的猎鹰、鸡媒[①]属于第一阶段，但还不会繁殖家畜。《淮南子·本经训》所记的“拘兽以为畜”可能是指第二阶段。猪、狗、羊、牛等动物的驯化是指第三阶段，即人工选择。

在诸多动物中，首先驯化的是猪，家猪的前身是野猪。野猪是杂食性哺乳动物，体肥腿短，嘴前有两根长獠牙，烈性很强，经常出没于森林之中，对远古人类的生活造成

①用鸡媒帮助捕捉野鸡是西南少数民族特有的一种方法，即把小的野公鸡捉来驯养，并配一只母鸡作伴。每年三四月间正值野鸡交配季节，将鸡媒装在竹笼里带往山中，在鸡笼的周围围上竹篱，篱外设套索；当猎人在学母鸡叫时，鸡媒也鸣叫不止，公野鸡赶来撕斗，便落入套索而被捉住。

▲ 河姆渡遗址出土的新石器时代的小陶猪

了很大威胁。但是，猪在各类动物中有它的优势：第一，体态肥胖，肉量大，捕杀一头可供应相当多的肉量，这在原始社会时期是极为重要的；第二，猪是杂食性动物，容易饲养；第三，猪繁殖快，一次可繁殖十数头，这对远古人类来说也是很重要的。正是由于这些原因，野猪成为最先被豢养的动物。《简明大不列颠百科全书》认为，“野猪与家猪无大分别，只是家猪的獠牙不若野猪发达。”獠牙退化的过程，就是野猪被驯化成功的过程。

在距今8000年的山东滕州北辛遗址中，发现有很多椭圆形或不规则形状的坑，在这些坑中不只一次地发现了成堆的猪头骨。在一个深约1.2米，底部凹凸不平的坑中，接近坑底处集中堆放着6个猪下颌骨，其上还用石板覆盖起来，可见在当时是十分珍视的。在裴李岗文化、河姆渡文化中不仅养猪，还有陶塑猪，红山文化中有骨雕猪出土，这些猪均身躯壮硕，长嘴拱鼻，特征介于现代猪与野猪之间，显然是人工驯化的结果。野猪驯化为家猪，是一个长期的过程，开始时必须关养或拴养，但是，一有机会它还

▲ 河姆渡遗址出土的猪纹陶钵

此钵为砂质的黑陶，两个宽面的外壁都刻有形态逼真的猪纹，猪头前伸低垂，两眼圆睁，四足蹒跚而行，好似在寻觅食物。这显示了当时农业已有相当的发展。

会逃跑。有些野猪夜里窜入村落内与家猪交配，家猪所生的猪崽仍有明显的野性，一旦看管松懈就会跑入山林成为野猪。所以，驯化野猪必是数十代人的努力而致。在辽宁后洼遗址出土过滑石猪，在山东大汶口文化时期，养猪业十分兴盛，有些富人死后多以猪头随葬，个别人还以整猪随葬，一是供死者享受，二是借此炫耀富有。猪的饲养的发展，为人们提供了可靠的肉食来源，改善了人们的生活，减少了对狩猎经济的依赖，同时也对促进农业经济的发展起到了积极的作用。

狗是由狼驯育的，品种较多，起源也是多源的。在我国浙江河姆渡遗址、西安半坡遗址都出土过人工驯育的家犬化石，所以其起源可追溯到新石器时代早期。从民族学资料看，狗可能是从饲养幼狼开始，久而久之就变为了家

▲ 山东胶县三里河出土的新石器时代的陶狗鬶

犬。狗是猎人的助手和卫士、住所的守护者，具有灵活、快速、忠诚等特点，因此为人类所喜爱。某些族类还有随葬猎犬的习俗，如邳县刘林、下王岗等文化遗址等。

当时，狗除了可以用来狩猎外，还供人们食用。在磁山遗址中，有许多破碎的狗骨化石，看来正是人们在食用狗肉之后又将狗骨敲开，吸食骨髓的明证。相反，有的民族则十分崇敬狗，认为是狗感应自己的女祖先才生育了自己，如苗、瑶、傣等族就有这种信仰。

除猪、狗外，人类早期驯养的家畜还有鸡。

原始社会时期，在茂密的森林里，开阔的草地上，以及灌木丛中，栖息着野生的鸡形目动物。它们白天在地面上取食、交配，夜间则利用自己短而圆的翅膀飞上枝头去休息。鸡的驯养一方面来自对鲜美的鸡肉的向往，同时也因为它们的卵更是一种营养丰富的可口食品。在磁山遗址发现了明显已经脱离原鸡状态的鸡的标本，其双翅和双脚的进一步退化也十分明显，这是我国最早饲养家鸡的明证。

后来，在仰韶文化时期，人类又驯化了羊，在龙山文化中又增加了牛、马，这就是人们常说的“六畜”。远古人类家养牲畜的最好见证是圈栏，这是人类为去掉野生动物身上的野性而发明的。据考古佐证，在距今1万年左右时已经有了这种牲畜圈栏。从山东滕州北辛遗址中曾发现若干窖穴，在这些窖穴的底部板结着不少动物粪便层。这可能就是最原始的圈栏，真正的圈养栅栏是在浙江余姚河姆渡遗址中发现的。西安半坡遗址有着较大的牲畜圈栏遗址，遗址内留着几十厘米厚的畜粪堆积层，表明仰韶文化时期居民的家畜饲养已有了一定规模。

▲浙江余姚河姆渡遗址出土的新石器时代陶羊

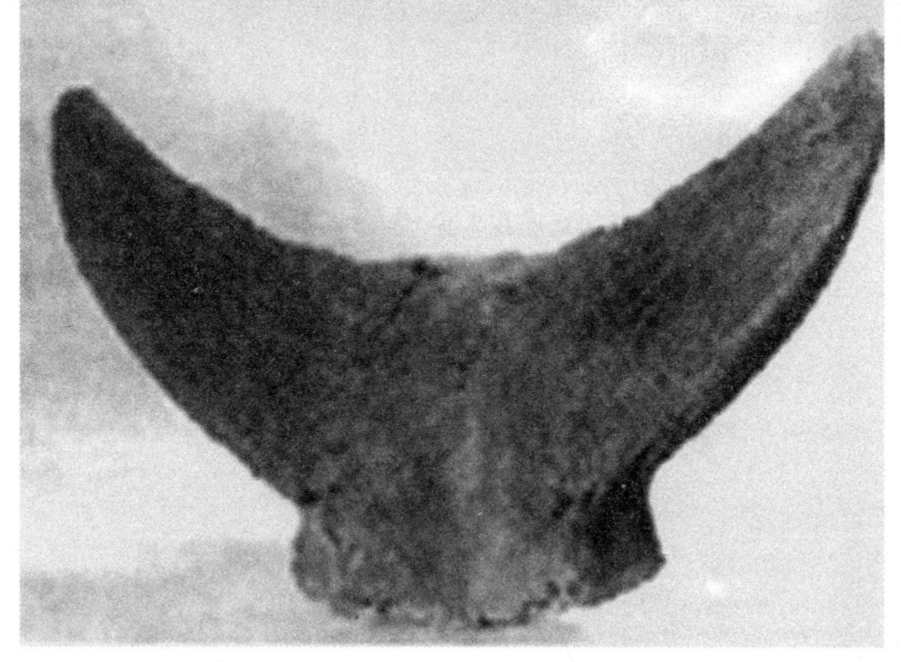

▲ 浙江余姚河姆渡遗址出土的新石器时代水牛角

到了龙山文化时期，畜牧业有了进一步发展。在山东章丘龙山镇遗址中出土了大批兽骨，经鉴定有猪、狗、马、羊、牛、獐、鹿等9种，从骨骼鉴定上可以看出这些动物已是驯养的动物。驯养如此之多的动物，其劳动是十分繁重的，似乎已不是从事农业劳动的人在业余时间所能办到的。所以史学界推测，此时畜牧业已经从农业中分离出来，社会劳动生产也在此基础上出现了第一次大分工。

历史大视界

早在中石器时代或更早，人们已开始驯养与人类经济活动密切相关的某些小动物，如伊拉克的帕勒高拉洞穴遗址内发现有公元前1万年的家养狗的骨骼，萨威·克米·沙尼达遗址内发现了公元前9000年驯养的绵羊的骨骼。

真正的畜牧业是从新石器时代开始的，它在狩猎的基础上，随着农业和定居的出现而产生。世界不同地区的居民在各自的生活环境和劳动实践中把几种主要的动物驯化为家畜。公元前7000年前后，西亚的伊朗等地已开始饲养山羊和绵羊，欧洲的希腊等地开始饲养猪、牛，其中，土耳其的恰约尼遗址是最早饲养猪的地点。人们饲养马要晚得多，乌克兰草原是最早养马的地区，时代约为公元前4000年。南美印第安人则驯化了羊驼和骆马。

9. 原始手工业

以玉作六器，以礼天地四方；以仓璧礼天，以黄琮礼地，以青圭礼东方，以赤璋礼南方，以白琥礼西方，以玄璜礼北方。

——《周礼·大宗伯》

母系氏族公社进入繁荣期之后，伴随着农业的发展，生产工具、生活用具的制造技术也有了很大进步，旧石器时代晚期开始萌芽的磨光钻孔技术此时也得到了进一步推广和应用，原始手工业也在此时慢慢诞生出来。

在磁山遗址、裴李岗遗址发掘出的石器一般都为打制而成，保留着旧石器时代的痕迹。这种打制石器制作方法十分简单，通常是用一块石料作为石锤，再用一块石料作为加工工具的原料。加工时用石锤把另一块石料打成两半，每一半的锋利部分即可用来作为切割工具。选择石料时通常选取燧石、石英岩、沙岩、角页岩等自然石块作为加工工具的原材料，因为这些岩石既有一定的硬度，又有一定的韧性和脆性，比较适合用来加工石器。到了母系氏族繁盛的仰韶文化时期，石器制作已普遍采用磨制技术，出土的石斧通体磨光，留有锋利的刃部，且大多数都在上面钻

▲ 裴李岗遗址出土的石磨盘与石磨棒

属于新石器时代，为黄河中下游以及北方地区使用的粮食加工工具，可将粮食脱壳或碾成碎粒，石磨盘用来放置粮食，石磨棒用来舂捣粮食。

了孔，装上木棍，从而加长了工具的长度和力度，使生产效率得以大大提高。磨光钻孔技术在其他质地的工具、装饰品的制作中也得到广泛应用，如河姆渡文化时期普遍使用的骨器、玉器等。

骨器的种类当时已十分繁多，有耜、镞、凿、匕、叉、钩、锥、针、刀等。骨镞多用骨料磨成圆锥体，也有少数被磨成三角形、菱形和柳叶形。骨凿一般由动物的肢骨制成，也有用兽骨料劈开磨制而成的。用动物肢骨磨制的骨凿是利用关节部作柄，下部磨刻成刃。骨凿可用来凿打木质物的孔眼。骨匕是用骨片磨制而成，长条形，器身扁薄。河姆渡遗址出土的骨匕，上面还刻有精细的花纹，用途可能是作为纺织用的机刀。骨锥，多磨成圆锥体，一端尖，主要用途可能是作为穿刺某种器物或皮革的孔眼之用。耜为这些器具中制作技术比较复杂的一类，它是用偶蹄类哺乳动物的肩胛骨加工而成，刃部作平铲状，薄而宽，中部磨有凹槽以便安柄和捆扎，是很好的翻土农具。此外，男女束发用的骨制笄簪，佩戴用的石环、玉璜、玉玦、玉管、玉珠等器物也都十分精美。最具代表性的是东北红山文化玉器和华东、华南的良渚文化玉器。

红山文化距今约5300年，玉器多为随葬品，其特色是龙、鸟、龟等动物形状，玉色以青绿为主，也有黄白等色，雕法多样，圆雕、浮雕、透雕、两面雕、浅刻等都见有运用，动物形象栩栩如生。1970年在内蒙古翁牛特旗三星他拉村出土的大型“C”型玉龙，是红山文化玉器的象征，古朴遒劲，刻划精湛。它也证明，龙早在新石器时代就为我们的祖先所崇拜，是我们中华民族的图腾。

比红山文化略晚的良渚文化时期，制玉工艺已初具规模，出土的环、玦、琀、璜、镯、斧、锛等，历来为古玉收藏家所重视。良渚玉

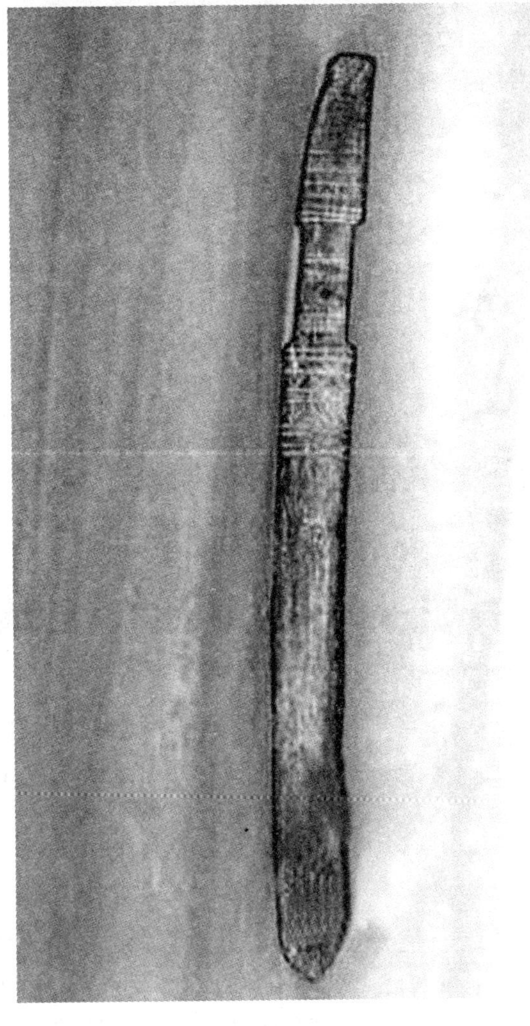

▲ 河姆渡遗址出土的骨匕

距今7000~6500年，新石器时代，长26.3厘米，宽2.0厘米，厚0.4厘米。由兽类肋骨对剖后磨制而成，器身轻巧，通体修磨，十分光洁，前端圆弧，略有残损，器身中部有一裂隙，后端两侧加工有凹槽，以便手握，中间有一两面对钻小孔，供人穿绳佩挂，凹槽两端外侧阴刻直线和斜线组合的几何纹。其用途有二：一是作为进食用具，一是用作纺织工具。

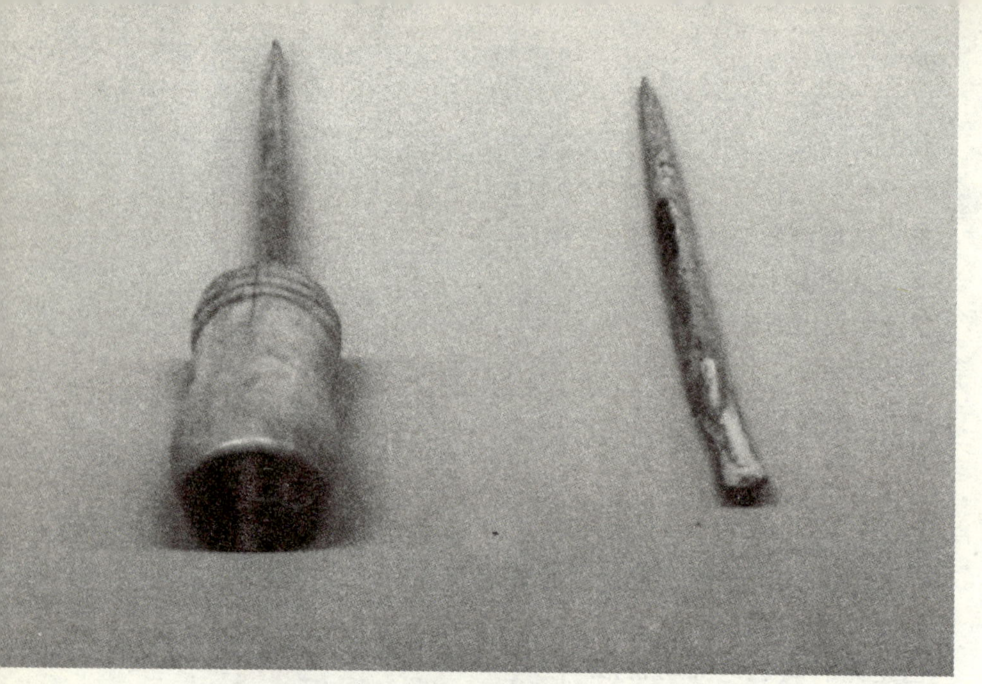

▲ 陕西西乡何家湾出土的骨锥和骨锥把手（左）以及西安临潼姜寨出土的骨锥（右）

器的质料绝大多数是矿物学上的软玉（即真玉），这说明此时的人们已初步学会了判断玉质，使得中国古代玉器开始走出玉石不分的阶段。

山东一带的大汶口文化也出土有玉器，虽难与红山、良渚文化媲美，但也制作精良，抛光、钻孔技术相当娴熟，不少玉器至今莹润。紧接大汶口文化的是山东龙山文化，因受到红山文化、良渚文化的影响，玉器制作也相当发达。1969年出土于山东日照两城镇的玉兽面纹锛，背部双面阴刻兽面纹，以双眼为中心，据旋转曲线展开，形成整个面廓，狰狞可怕，后代青铜器上的兽面纹大概源于此。

陶器是伴随着农业的发明和定居生活的需要而出现的，是新石器时代最具特色的手工业门类。相传我国古代神农氏曾经“耕而作陶”，这正是此时代的反映。烧制陶器首先要塑制陶坯，一般是选用粘性适度、质地较细的泥土，依据用途的不同，或淘洗掉泥土中的杂质，成为细泥陶，或掺入适量的砂子以便耐火，成为夹砂细（粗）陶。陶坯早

▲ 红山文化玉龙

高 26 厘米，剖面直径 2.3~2.9 厘米。1971 年内蒙古自治区翁牛特旗三星他拉村遗址出土，内蒙古自治区翁牛特旗博物馆收藏。

期都用手制，多用泥条盘筑法，还可用陶拍拍打，使其质地更加紧密，并能印出纹饰。陶坯阴干后，有的还涂上一层白色或火红色陶衣，然后在表面加上彩绘，使色彩更加鲜艳夺目。烧制陶器的温度一般较高，有的达900℃以上。

在这一时期的村落遗址中，普遍出现有陶窑的遗迹。由于最初的陶器大都敞开烧制，陶土得到充分氧化，所以陶器多为红色，以后封窑技术进步，灰色陶器逐渐增多。河姆渡等遗址的陶器则掺入了稻壳、碎草之类的有机物，烧制后成为夹炭黑陶。

随着生活的改善，人们对陶器的需求数量越来越多，

▲兽面纹玉锛

新石器时代龙山文化，山东日照两城镇遗址采集，现藏山东省博物馆。此锛青中泛黄色，通体抛光，原断为两截，受土浸，表面形成不同颜色。体扁平，呈长方形，背部平直，刃部稍宽，无实用痕迹。上端以阴线刻出狰狞的兽面纹，眼部夸张。古人以为锛即圭，是礼器，此锛有可能是部落首领的权力象征。

器型要求也愈加多样。仰韶文化的典型器型有碗、钵、盆、小口尖底瓶、罐、瓮等。此外还有陶刀、陶网坠、陶纺轮等生产工具。仰韶文化时期的彩陶是陶器中的艺术精品，多用黑色彩绘直接在器壁上饰以几何图形或植物、动物图案，常见的有平行线纹、人面纹、三角纹、鹿纹、网纹、鱼纹及由鱼纹演变而来的各种图形，其中“人面鱼纹图形”尤为精细。1981年，在河南临汝阎村仰韶遗址出土一件陶缸，上画一只鹳鸟、一尾大鱼和一柄石斧，构成一幅

▲ 彩陶人面鱼纹盆

高16.5厘米，口径39.5厘米，陕西省西安半坡遗址出土，中国历史博物馆藏。此盆为仰韶文化半坡类型彩陶的代表作，表现了人类早期与动物的密切关系。

◀鹳鱼石斧图彩陶缸

图绘在一只作为葬具的陶器表腹面，图中鸟、兽、斧的组合并非偶然，鹳与鱼面对石斧，寓意着先民对劳动生活的特殊审美气质，与对劳动工具的崇拜，以祈求工具保佑人们吉祥、平安和丰收的生活。这是距今5000年左右的一幅完整的绘画作品，也是中国发现最早的绘画作品之一，以其宏伟的气势体现中国新石器时代美术创作上的最高成就，其描绘及造型的手法，已包含了远古时代的艺术特征，使它成为一件罕见的绘画珍品。

鹳鱼石斧图。图绘于陶缸的外壁上腹，用棕白两种颜色。左画一只身躯健壮、肥润丰满的鹳，长嘴短尾，引颈直立，嘴上叼着一尾大鱼，神态娴静自然。鹳鸟通身以白色填实，显得全身灰白，眼睛用棕黑色勾出，显得突出而有神。所叼的大鱼，是用棕色勾出鱼的轮廓，内填白色。右边则以棕色勾画出一柄直立的石斧，石斧横缚于木柄上端，木柄下端画一个方框，表示斧插于座上。整幅图案形象生动，色彩和谐，堪称原始艺术的珍品。河姆渡文化的陶器火候低，质地软，造型较简单。类型有釜、罐、钵、盘、支架等。陶器不仅仅是实用器具，而且是精美的工艺品，体现了原始人类的艺术创造才能和艺术想象力。总的来说，新石器时代的人们根据不同的需求，将陶土做成各种器型，而同一种陶器在不同的地方又有着不同的形状与风格：有

▲ 龙山文化刻符陶片

的直口，有的敛口；有的平底，有的凹底；有的曲腹，有的浅腹；有的高瘦，有的矮胖；有的色彩斑斓，有的素面无华。因此，器型、纹饰、陶色、陶质成为考古断代的重要依据之一。

另外，在半坡、姜寨和关中等仰韶文化遗址出土的270余件陶器和陶片的内外壁上发现了50多种刻画符号，在陕西、甘肃、河北、安徽等地遗址出土的陶器上也有类似符号。这些符号已具有记事和在一定范围内传达信息的特点，与传说中的“契木为文”相暗合，可能与商周时代的文字有渊源关系。

▲ 河姆渡遗址出土的苇编残片

这种苇编作干阑式建筑铺垫地板之用。

这时的编织技术也比较发达。河姆渡遗址中发现有二经二纬编织的苇编；半坡遗址出土的陶器底部普遍存有席子的印痕；草鞋山发现的芦席和篾席的竹篾细而匀，用人字形编织法编织得十分整齐。

与此同时，缝纫工艺也被普遍运用到原始先民的日常生活之中。在诸多遗址中均有针体纤细、针眼细小、打磨光滑的骨针出土，同期的文化遗存中，还有骨梭、骨匕（刀杼）、石纺轮等纺织工具，陶器底部也发现了每平方厘米经纬线各10根的粗麻布布纹痕迹，这些都说明当时的人们已不再赤身裸体。他们采剥野麻纤维，用纺轮捻制麻纱并用简单的织布机织成麻布，麻布在南北各地已成为人们主要的衣着用料。

历史大视界

考古学上通常把磨光石器的流行和陶器的使用作为新石器时代的标志，但在西亚和希腊都曾有过已出现早期农业和畜牧业，而尚未制造、使用陶器的时期，考古学上称之为无陶新石器时代。

大约公元前6000年，西亚和欧洲已普遍使用陶器；在美洲，大约公元前3000年至公元前2500年，哥伦比亚、厄瓜多尔等地才开始制造、使用陶器；在东亚，日本南部半定居的狩猎采集者于公元前11000年已制造饰以简单点纹的圆锥形陶罐，这是迄今已知最早生产陶器的证明。

早期陶器用手制，把粘土做成陶坯后，焙烧制成，陶质疏松，器型比较简单，单色，少纹饰。后来发展为轮制，出现彩陶，饰以各种图案纹饰，器型美观。陶器的出现和普遍使用，加速了农业生产的发展，也促使人类的定居生活更加稳定。

10. 原始村落

上古之世，人民少而禽兽众，人民不胜禽兽虫蛇，有圣人作构木为巢，以辟群害，而民悦之，使王天下，号之曰“有巢氏”。

——《韩非子·五蠹》

从考古发掘上看，人类最早的住所是利用天然洞穴，或者是树洞。随着农耕的起源和发展，为了照顾农作物生产，维护土地的垦种，原始先民开始走出洞穴，过起稳定的定居生活，固定的住所就形成了原始村落。这种原始村落分散在我国各地新石器时代的氏族文化遗址中，其中反映这一生活情景比较全面的是仰韶文化和河姆渡文化。

仰韶文化是因1921年首先在河南渑池仰韶村发现而得名。之后在甘肃、青海、内蒙古、河南等地都发现了仰韶文化遗址，比较重要的遗址有：陕西宝鸡北首岭、西安半坡、临潼姜寨、邠县下孟村、华县泉护村、华阴横阵村和元君庙，河南安阳后岗、陕县庙底沟、渑池仰韶村、郑州大河村、洛阳王湾和大司空，山西芮城西王村，河北磁县下潘汪和界段营，等等。仰韶文化乃是承袭新石器时代早期的老官台文化、裴李岗文化和磁山文化等发展而来的。

▲ 原始半穴居建筑复原图

从新石器时代中期开始，我们的先人已有了半穴居式的房子，开始营造村落，如河北武安磁山、河南密县莪沟、陕西西乡李家村、甘肃秦安大地湾，都发现了不规则的圆形房子，平均面积八九平方米，穴壁较浅，地面直径3米左右，室内有灰烬或灶，房址周围有柱洞，复原后可为蘑菇状窝棚，属于土木结构建筑。

到了仰韶文化早期，住所有不少发展，半坡遗址就是其中一个典型的原始氏族村落。遗址总面积约5万平方米，总体呈椭圆形，北部和东北部为氏族墓地，东部为制造陶器的大型窑场，中部与南部为居住区，窑场、墓地和居住区之间挖有深、宽均五六米的壕沟，以前可能注水，既供饮用，又能作为一种防护性措施。房子约有几十座，有的保存十分完好，按建造结构可分为圆形和方形，方形分为长方形和正方形两种。长方形房屋仍为半穴式建筑模式，即在当时的地面上向下掘深约0.8米、长4.1米、宽4.75米，东西长的长方形大坑。以坑壁作墙壁，壁上涂抹一层厚约2.5～3.5厘米的黄色草泥。门口朝南，门至房间还有一段1.7米长的狭长过道，阶梯状，共四级，宽仅0.4米，仅容一人通过。门道南端两旁各有一柱洞，当为门道棚架的支柱。门坎长0.42米，高1.3米。屋内偏西有一个柱洞，可能是支撑屋顶的木柱留下的。中间有灶坑，灶坑附近堆积有木炭和灰烬。正方形房屋东西实际长3.89米，南北实际宽3.58米。墙壁是用粘土夹木柱和木板筑成的，厚约0.1米。房屋四周和中间共12根大木柱，东西成三列，每列四根，排列整齐。房屋地基比当时地面高约0.3米，用灰土夯实。灰土上面铺一木板，木板上涂抹一层厚约8～15厘米的黄草泥

▲ 半坡遗址的方形和圆形房屋复原图

▲ 陕西西安半坡遗址

土，且用篝火烧烤成坚硬的红烧地面。

圆形房子又分为正圆与椭圆形两种。墙壁当中夹有木柱，相当稠密地排列在居住面的周围，房顶也是由木柱支持的木板或木椽排列而成，上面盖以粘土，墙壁有的垂直，有的向内弯曲，平均厚度0.22米。房子中间是一个挎包形的灶坑。灶坑两边有 6 个对称的柱洞，估计为做隔墙所留。房屋周围还有许多窖穴，应是氏族储藏东西的公共仓库，村落中间有一规模宏大的长方形房屋，大概为氏族内部召集会议的公共场所。根据出土的100余座房基数量推测，这是一个可容纳500人起居生活的大村庄。

1972年，陕西临潼姜寨原始村落遗址开始出土，这是一座比西安半坡保存得更好的仰韶文化遗址。到1979年止，共进行了11次发掘，发掘总面积达16000平方米，其中先后发现的遗迹有143座房址、331个灶坑、504处地窖、685座墓葬。另外，像陶、石、骨、角、蚌质的生活用品和生产工具达1万多件。居住区的中心是一个约4000平方米的大型广场，广场的东、西、南、北四面有5座面积100平方米左

▲ 河姆渡遗址的干阑式民居复原图

河姆渡文化的主要建筑形式是栽桩架板高于地面的干栏式建筑。这种木构建筑是中国长江以南新石器时代以来的重要建筑形式之一，也是目前发现最早的建筑形式，与北方地区同时期的半地穴式房屋有着明灭的区别，是当时最具代表性的建筑。浙江地区地势低洼，潮湿温热，河姆渡原始居民为了居住地能有良好的通风和防潮性能，于是盖造这种房屋。这种木建筑房屋，既可防蛇虫猛兽之害，又可避潮湿，下面还可养殖家禽家畜。至今，我国西南一些少数民族地区，尚采用这种古老的建筑形式。

右的大型方形房屋，大概为宗教活动所用或供氏族会议所用。在这5座大房子周围，又密布着数十座方形或圆形的中小型房屋，这是氏族成员日常生活、居住和贮物的地方。还有两条大壕沟横隔在这5座建筑群与墓葬区中间，形成一个仰韶文化初期比较完整、清晰的母系氏族村落，充分展示了6000多年前我们的祖先生产和生活的社会风貌。

在我国长江、珠江流域，地势低洼，气候炎热，雨量过多，蚊虫繁滋，人们为适应潮湿多雨的气候和地理条件，很早就开始了巢居生活。所谓“巢居”，即用木头搭建巢穴，在树上生活的生存方式。关于人类巢居的历史，我国古代文献中是不乏记载的。《韩非子·五蠹》记载：“上古之世，人民少而禽兽众，人民不能胜禽兽虫蛇，有圣人作构木为巢，以辟群害，而民悦之，使王天下，号之曰‘有巢氏’。”《墨子·辞过》记载：“古之民未知有宫室时，就临阜而居，穴而处，下润湿伤民，古圣王作为宫室。宫室之法，曰：高足以辟润湿，边足以圉风寒，上足以待雪霜雨露。”其中“高足”表明巢居是远离地面的。我国南北气候迥异，北方干旱少林地，南方卑湿而多森林，故穴居多为北方，南方则就地取材，利用单株或多株大树的枝干相交之势搭造房屋，大树的枝丫主杆是原始巢居的立柱，也是原始人出入的惟一通道。

代替原始巢居的是干栏式建筑，即用木料制成一排排木桩竖于地面，承载整座房屋，居住面高于地面，同样有

▲ 河姆渡遗址出土的木构件

这些木构件上有最早的榫卯遗迹。

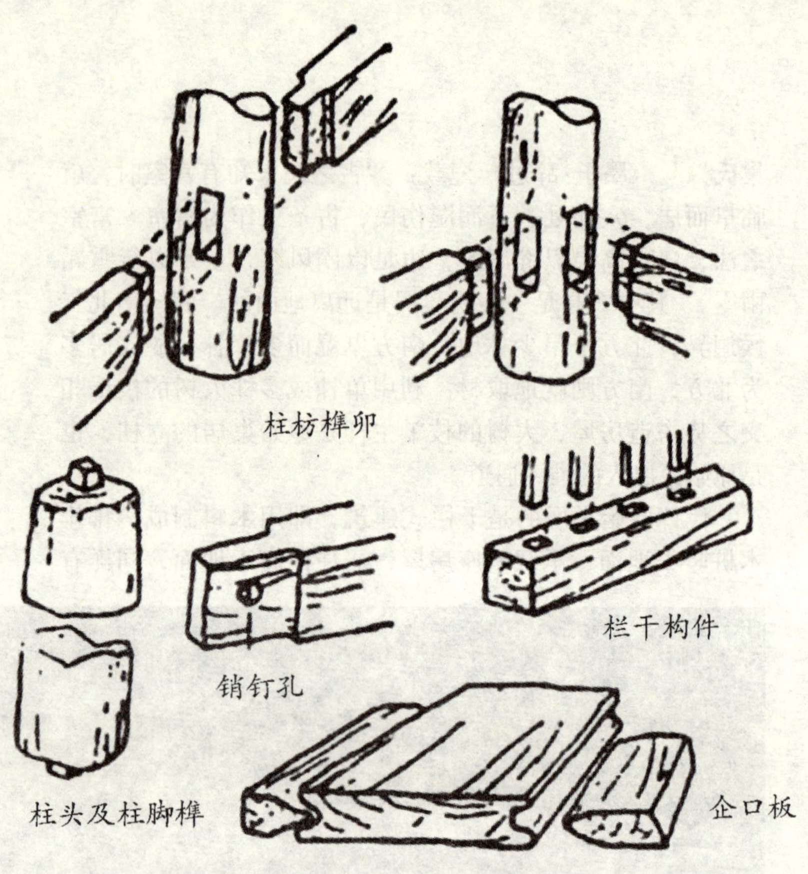

▲ 河姆渡遗址出土的干栏式建筑木构件的用法

原始巢居通风、祛湿的效果，且又能自由拓展，不受自然环境的约束。干栏式建筑的顶部由植物枝叶覆盖，墙体以树枝编成网架，辅以茅草。正如《魏书》所载“依树积木以居其上”。浙江余姚河姆渡文化就是干栏式建筑的典型。

河姆渡文化中，干栏式木构建筑已由早期打桩、立柱、架空发展到后来的栽柱式地面木构建筑，木构件已普遍使用卯榫结构和企口板。在该遗址还发现了成排卯榫相连的木桩、大量的横板和竖板，以及很多不同形式的带卯榫结构的构件。根据这些部件的尺寸，我们可推测出，作为支柱的木桩高出地面约有1米左右，然后在上面架设大、小梁

（龙骨）承托地板，完成房子的基座后再在上面立柱架梁，围墙盖顶，铺以稻草、芦苇或泥土。一座总长在25米以上的干栏式长屋至少由4排木桩托住房基，房子的进深约7米，门廊过道宽约1.3米，大屋内会隔成许多小间使用，地面上还有小木桩围成圆形栅栏圈，面积较小，可供饲养家禽幼畜使用。

密接拼板和卯榫的运用是一种较高的工艺，是河姆渡文化的三大发明之一，奠定了7000年以来我国木构建筑技术的基础。到了新石器晚期，母系氏族社会逐渐没落，原始村落规模大小及其包含的文化现象呈现出两极分化的趋势。同时，房屋的结构、布局也变得复杂多样。这一阶段的代表村落有仰韶文化晚期的大河村、下王岗、八里岗，大汶口文化晚期的尉迟寺等，并出现了少量城址。

新石器时代的村落与住房虽然简陋，但这是人类征服自然的一件大事。因为发明了房屋，人们不再受天然洞穴的地域限制，而可以自由选择适宜的地方居住。由于有了住房，人们不仅可以躲避寒暑风雨的侵袭，更可以远离猛兽虫蛇。随着原始村落的形成与发展，氏族社会也更加进步了。

历史大视界

新石器时代，随着农业革命的发生，人类转入较稳定的定居生活后，出现了聚居的村落并开始建造适于较长时间居住的房屋。土耳其恰塔尔·休于遗址反映了新石器时代早期人类定居的建筑情况。这一遗址占地32公顷，住房由土坯砌成，每一房屋由一面积为5米×4米的起居室和几个附属房间组成。房屋为平顶，在两根大梁和许多小梁上铺苇草和干砖。屋内置炉灶，另有供坐卧的平台和长凳。

我国新石器时代的居民，已懂得选择背坡面水、河谷阶地和沼泽边缘建立村落，以适应生活和生产中用水的要求。住房有半地穴居址、地面建筑和架空居住面的干栏式建筑等建筑式样。

11. 图腾崇拜

大哉龙之为德，变化屈伸，隐则黄泉，出则升云，贤圣其似之乎。

——晋·刘琬《神龙赋》

氏族社会建立之后，氏族与氏族之间为了加以辨别，纷纷寻求一种动物、植物或其他物件作为木氏族的名称，这就是图腾。

仰韶文化及其他新石器文化陶器上的鸟、鱼、鹿、蛙以及人面鱼等图案，可能就是某些氏族的图腾。图腾是原始人类在超现实理念的驱使下，极力寻求精神寄托，企图求助于一种超自然的神灵保护自己的结果。在现实生活中，它作为一种假设的祖先受到崇拜，并被想象成是与氏族内部成员有着血缘关系的亲属。图腾是氏族的族徽、祖宗的象征，神圣不可侵犯，在母系氏族社会极其盛行，以至于某些学者称母系氏族时期为“图腾时代”。马克思认为，世界各个古老民族都曾经历过图腾时代，在当时，图腾与图腾崇拜是一个极为普遍的现象。我国古代先民的图腾崇拜对象十分广泛，有动物图腾崇拜，也有植物图腾崇拜。动物崇拜对象有鸟、蛙、狗、虎、壁虎、蜥蜴、鱼、蛇、龙、凤等。

鸟图腾崇拜，在我国有着十分悠久的历史。早在新石器时代，就有大量鸟图腾形象存在。如东南沿海河姆渡文化出土的骨匕、象牙匕上有阴刻鸟纹，该文化还流行在石器或象牙上雕刻鸟形饰，如鸟形象牙圆雕、鸟状木蝶形器、浮雕双飞燕器盖等。《山海经·东海经注》："南方有人，人面鸟喙，而有翼，手足扶翼而行，食海中鱼。"《博物志》卷九："越地深山有鸟，如鸠，青色，名曰治鸟……此鸟白日见其形，鸟也；夜听其鸣，人也……越人谓此鸟

▲ 河姆渡遗址出土的双鸟朝阳纹象牙蝶形器

长 16.6 厘米，残宽 5.9 厘米，厚 1.2 厘米。正面用阴线雕刻出一组图案，中心由一组 5 个大小不等的同心圆构成太阳纹，外围周边刻着炽烈蓬勃的火焰纹，象征太阳光芒。两侧刻有昂首相望的钩喙双鸟，面向太阳，成对称形，似在引吭啼鸣。四周钻有 6 个小圆孔，上 4 下 2，背面制作较粗糙。这件器物是原始象牙雕刻中的艺术珍品，反映了河姆渡人的审美观念和最高艺术成就，从中可看到原始河姆渡人对鸟的喜爱和对太阳的崇拜。

为越祝之祖。”由此看出，我国东南沿海的原始居民曾信仰过鸟图腾，把鸟作为自己的来源和保护神，并且在头冠、工具、礼器上雕刻鸟的形象，作为氏族的象征。

蛙纹在中原和西北地区仰韶文化的彩陶上较为常见，

▲ 马家窑彩陶蛙纹双系罐

高 42 厘米，口径 13.1 厘米。泥质红陶，罐身绘有黑彩变形蛙纹，抽象简洁，色彩鲜艳，反映了当时人们的图腾崇拜文化。蛙纹实际上就是一种人形纹，是马家窑文化中最发达和最富特征的纹饰，这种形象都与生殖崇拜有关，是有关生命、生殖、交媾等的文化现象。

从其出现到消失，延续了从半坡类型到庙底沟、马家窑、半山、马厂、齐家文化的漫长历史跨度。最早的蛙纹见于陕西临潼姜寨半坡时期的陶盆里面，但不在正中，到庙底沟时期，蛙纹绘在盆外壁，画法接近于写实。马家窑时期的蛙纹则开始程式化，画工有意将图案绘在盆底正中，然后加上四肢和头尾，为了使臀后不致有大量空白，又故意加画了一个肥大的尾巴，使整个画面显得十分和谐。

图腾崇拜的痕迹不但遗存在文物上，也保留在神话传说中。据《后汉书·南蛮传》与《搜神记·卷十四》记载，我国东南有部族称高辛氏，高辛王在位时，宫中养有一条花狗，名叫盘瓠(hù)。时值外族戎吴来侵，无人能挡。高辛王只好招募勇士，如能取得戎吴首领首级者，愿把小公主许配给他。盘瓠闻言，便潜出王宫，径投戎吴大营，戎吴首领见高辛氏的花狗都来相投，便知对方灭亡在即，遂放松了警惕。夜晚，盘瓠趁其不备，将吴将军的头颅咬下，衔到了高辛王的脚下，高辛王不便抵赖，只得把女儿嫁给了盘瓠，盘瓠与小公主婚配，繁衍成了现在的苗、瑶两族。

对于有的部落和氏族而言，他们的图腾并非只有一个，而是几个甚至很多个，各种图腾有时还会产生相互继承和融合的现象，这是一个从单一走向综合的过程。像有的图腾往往被神化成为一种综合性的幻想物，如龙兼有蛇、兽、鱼等多种动物的形态，凤兼有鹰、孔雀、金翅鸟等多种鸟类的特征。这种经过人们头脑重构而形成的想象物，集中了许多动物的特点和优点，也反映了原始氏族部落间不断战争、交往、融合的历史过程。闻一多先生曾在《伏羲考》中这样评价道：“龙这种动物，是只存在于图腾中而不存在于生物界中的一种虚拟的生物，因为它是由许多不同的图腾糅合成的一种综合体，是蛇图腾兼并与同化了许多弱

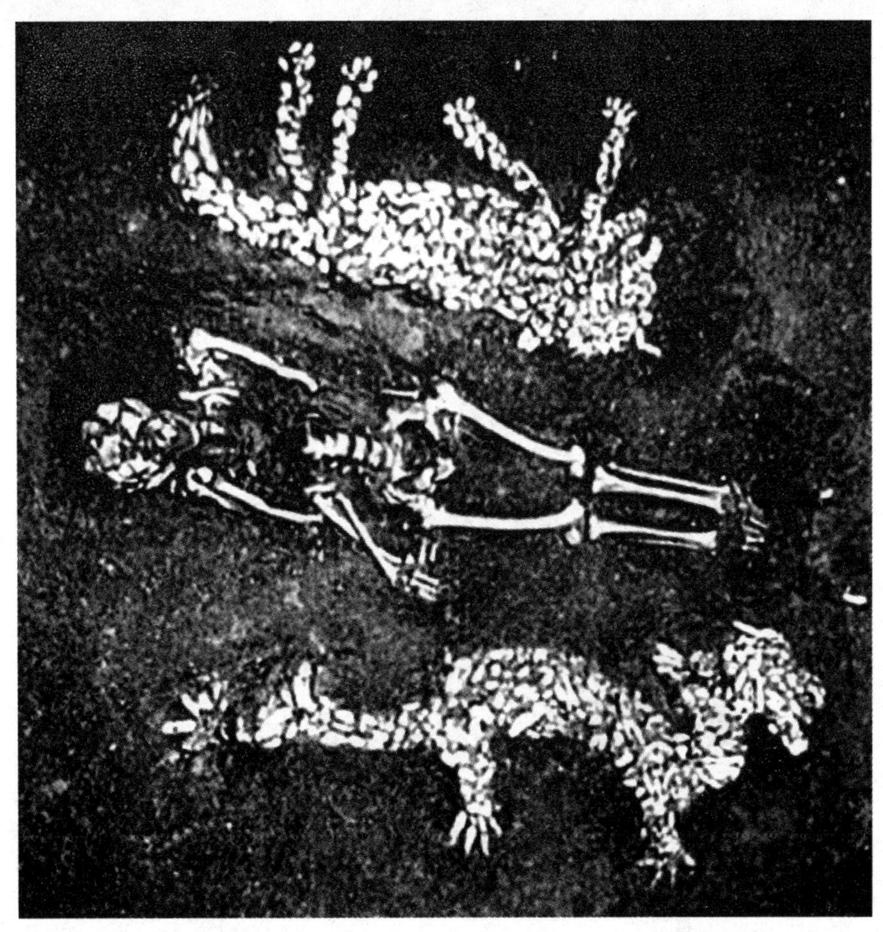

▲ 蚌塑龙虎与人的合葬墓

河南濮阳西水坡仰韶文化后岗类型遗址出土，墓主为壮年男性，除了以三人（已知男女和少年各一）殉葬外，在墓主的骨架两侧，有用蚌壳摆塑而成的龙与虎图案，都是背靠墓主头朝下。这幅龙虎图距今有6460余年的历史，应为父系氏族社会统治人物的权力表现的象征，也是中国目前发现最早的龙的形象。

小单位的结果。”

在我国历史上，龙是中国所有民族共同的图腾，是中华民族精神的标志和象征，它世世代代把中国各族人民紧密联系在一起。龙文化是中华民族传统文化的典型表达，是源流最为久远、延续时间最长的文化现象之一。它对中国古代的哲学、宗教、政治、经济、文学、艺术和民俗等的发展都曾发生过巨大的影响。从政治文化来讲，龙成为帝王专有的标志。从学术文化来讲，龙被用来表达思想观点。如《周易》中《乾》卦爻辞所云："初九潜龙勿用"、"九二见龙在田"、"九三君子终日乾乾"、"九四或跃在渊"、"九五飞龙在天"、"上九亢龙有悔"、"用九见群龙无首"，通过龙的潜藏、出现、跃动、飞腾到极而又返，来暗示事物由无到有、由低到高的变化规律，对哲学理论的发展也起到了重大影响。从民俗文化来讲，龙舟、龙灯、龙舞早已成为中国民间节日的重要内容。

闻一多先生指出，龙是中国的图腾，是中华民族"发祥和文化肇源的象征。"

历史大视界

"图腾(totem)"一词最早源于北美印第安人阿尔滚琴部落内的奥季布瓦族方言，意为"他的亲属"，即民族标志。该词首先由美国著名人类学家摩尔根在其名著《古代社会》中提出。

图腾崇拜产生于旧石器时代晚期，它是最古老的宗教形态之一，体现了远古氏族社会经济生活的特征，同时，也证明我国古代必定经过了氏族社会这一历史阶段。

12. 自然崇拜

郊之祭，大报天而主日，配以月。夏后氏祭其闇，殷人祭其阳，周人祭日以朝及闇。

——《礼记·祭义》

自然崇拜是对自然物体的信仰和崇拜。具体来说，就是人们对天体中的日、月、星辰和风、雨、雷、电等自然现象，以及对土地、山岳、河川等自然物体所产生的信仰和崇拜。

人们对自然物体产生崇拜，主要是把这些自然物体都视为神。神的意识的产生，是由于人类对自然界的无知而引起的，人们对千变万化的自然界及其复杂的现象感到茫然，甚至产生惊异，由此而误以为这些自然体都是有神灵的，认为各种不同的自然物是大大小小各种不同的主宰。自然现象的发生和变化，就是这些神的意志和力量所起的作用。

自然崇拜大概产生于农业发明之后。由于从事农业生产，人类与自然界就发生了更为密切和广泛的关系。因为生产力水平很低，农业种植在很大程度上要依赖于自然，所以人们在期望获得农业生产的好收成时，就幻想出一种

◀ 安徽含山凌家滩出土的新石器时代玉巫觋

古代称女巫为巫，男巫为觋（xī），合称巫觋。相传至黄帝时代，人们便视玉为神物，是精灵、灵物等神秘化的超自然的神的载体，以玉为媒介去沟通神灵，听取神的旨意，通过拜神获得精灵的保佑，祛除灾难。人在长期的祭祀神灵过程中，大家推举善解人意、擅长歌舞、能与精灵沟通的人作主祭，此人就是巫。巫捧玉，载歌载舞以事神灵，再将神的旨意传达给人们。

超自然的力量，并企图借助于这种力量，来改变周围的自然环境。

自然崇拜的表现形式，主要是定期举行宗教节日和祭祀。在原始时代，人们认为自然神也有大、小之分，大神是指与人们的生产、生活关系密切并起着重要影响的神；小神则是指对人们生产、生活影响不大的神物。对于大神，一般有定期的宗教节日，节日期间要举行隆重的祭祀活动，氏族成员全体参与，氏族部落首领还要主持祭祀，祭祀品通常用大的牲畜，如牛、羊等。对于小神，则没有定期的宗教节日和隆重的祭祀活动，祭品也十分简单，一般是鱼、肉、果品等。

另外，人祭也是原始时代普遍存在的现象，这是社会发展到一定历史阶段的产物，盛行于父系氏族社会。这个时期由于生产力的发展，社会财富的积累日渐增多，氏族贵族为了掠夺他人的财物，使氏族部落之间不断发生战争。战争中的俘虏则一般沦为供奉神灵的牺牲。这类牺牲一般用于祭祀日、月等人们认为重要的大神。在我国原始时代，有关对日、月的崇拜，流传下来的记载不多，只有一些神话传说。

有关太阳的神话传说，在《山海经·大荒西经》中有羲和生十日之说："东南海之外，甘水之间有羲和之国，有女子名曰羲和，方日浴于甘渊。羲和者，帝俊之妻，生十日。"《大荒西经》又说："汤谷上有扶桑，十日所浴。在黑齿北，居水中，有大木，九日居下枝，一日居上枝。"意即人间帝王帝喾（kù）娶了太阳女神羲和为妻，羲和为他生了十个太阳儿子。这些太阳们住在东方

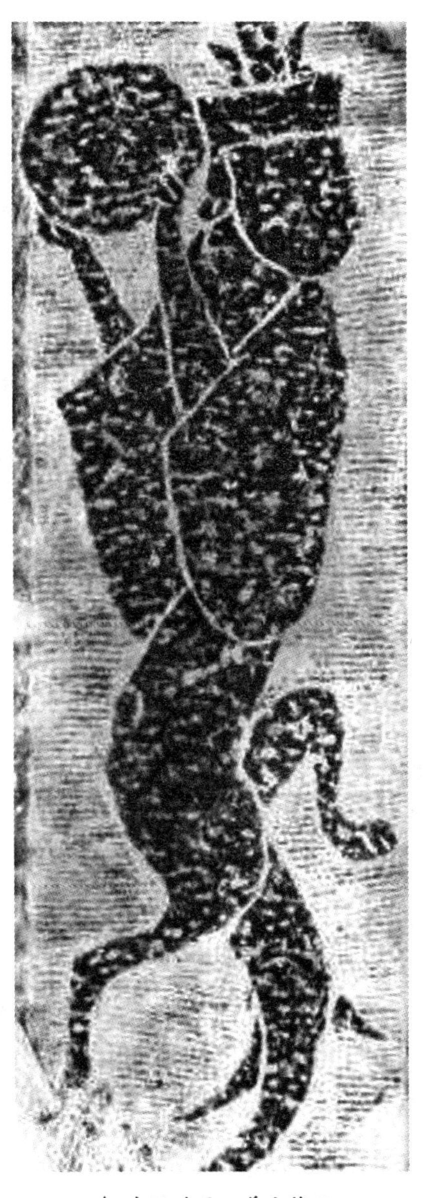

▲ 东汉砖画：羲和捧日

海外的汤谷。汤谷是东洋大海中的一块水域，因太阳天天在此洗浴而滚热如沸烫，故得名。汤谷内有一株同根偶生、两干互相依倚的扶桑树。十个太阳九个泡在树下水里，一个栖于树上，轮流上岗，一个回来了，另一个才出去，所以太阳共有十个，每天和人们会面的却只有一个。

古人把十个太阳同时并出，看做是灾异的象征。《淮南子·本经训》中说："尧之时，十日并出，焦稼禾，杀草木，而民无所食。尧乃使羿，上射十日而下杀猰貐（yà yǔ）。"这则关于射日的神话也载于《山海经》中，传说北方大荒中的夸父曾经追逐过太阳，最后渴死在雁门山北的大泽。经过这一惊吓，其他九个太阳也升上了天空。十日并出，害

▲《山海经》夸父追日图

◀《山海经》后羿射日图

苦了百姓，人间帝王尧无计可施，只得日夜祷告。天庭中的帝喾闻知后，派下了善射的羿。羿在一座闷热的茅屋里拜会了尧，得知人间的灾祸起源于十个太阳，便拿出自己的彤弓，搭上神箭，向太阳射去。一连九箭，九个太阳炸得流火四溅。当要射第十个太阳时，尧急忙制止道："万物生长离不开太阳，还是留下这一个吧！"于是，天空中才有了现在的样子。

关于对月神的崇拜，我国史料中也载之甚少，不过月亮的由来，据说也是帝喾所生，那是他和月亮女神常羲的后代。《山海经·大荒西经》说："帝俊妻常羲，生月十有二。"也就是说古人认为月亮应为十二个，这种传说，当然

是后人杜撰的。商代的甲骨卜辞有月食的记录，而无祭月的迹象，由此可见，月神的地位并不高。

地神和农神是原始人类认为重要的神。地神，又称社神或后土，世界上有些民族则称之为地母。这是因为，原始人类认为土地广大，能滋生万物，所以才这样称呼它。农神，在我国古代称为稷神。据文献记载，原始人类对农神和地神有频繁的祭祀活动，并规定了定期的祭祀时间。《礼记·月令》载，一年之中有10个月举行祭祀活动。殷墟出土的甲骨卜辞，就有很多“祈年”和“受禾”的记录，这也极可能与原始社会的祭祀风俗有渊源关系。

◀ 汉代画像砖上的羲和主日与常羲主月

历史大视界

考古发掘的仰韶文化彩陶中，有日、月的花纹图案，由此反映出我国原始社会时期，人们对日、月的印象是深刻的，这有可能也是对日、月崇拜的一种证明。

13. 父系氏族公社

神农之世，男耕而食，女织而衣，刑政不用而治，甲兵不起而王。神农氏既没，以强胜弱，以众暴寡，故黄帝内行刀锯，外用甲兵。

——《商君书·画策》

母系氏族公社进入繁荣期又延续了几千年后，生产工具被制作得更加锐利适用，分类也越来越细致，在此基础上，生产力得到了快速的发展，农业、畜牧业逐渐成为人类生活资料的主要来源。男子的劳动开始由捕鱼狩猎转向农业和家畜饲养业。男子在生产部门中的作用凸显出来，使得生产效率不断提高，社会财富日渐增多。“这些财富，一旦转归各个家庭私有并且迅速增加起来，就给了以对偶婚①和母权制氏族为基础的社会一个有力的打击。”另外，男子在经济领域中的主导地位使得子女开始从父而居，婚姻形态也由对偶婚开始向一夫一妻制迈进，一夫一妻制家庭的出现，是父权确立的标志。父权制确立以后，世系按父系计算，财产也按父系继承，母权制随之解体。

距今5000年左右，我国黄河流域、长江流域的一些氏族部落，先后转化为父系氏族公社，在考古学上相当于新

①对偶婚，又称对偶家庭。这是原始社会母系氏族公社时期的一种婚姻形式，即一个女子可以在一群男子中选择一个作为她的主夫，保持一定的稳定婚姻关系，其他的则为次夫。同样，一个男子可以在一群女子中选择一个女子作为相对稳定的主妻，其他则为次妻。

▲ 龙山文化黑陶单把杯

距今5000~4000年，口径8厘米，足径8厘米，高12.5厘米。杯呈筒形，腹间微收，平底，杯身一侧有扁形把，便于持拿。杯为轮制而成，杯身均匀地分布三道弦纹。这个时期的黑陶以素面磨光的最多，带纹饰的较少。此杯具有龙山文化黑陶的典型特点，器表漆黑光亮，器壁薄如蛋壳，反映出当时制陶技术已达到较高的水平。

石器时代后期，属于这一时期的文化遗址已被陆续发掘出土，比较著名的有黄河流域的龙山文化、齐家文化和大汶口文化晚期，长江流域有良渚文化、屈家岭文化、青莲岗文化等。

龙山文化因1928年被首先发现于山东省章丘市龙山镇

城子崖而得名，因龙山文化中有精美的黑陶，故又被称为“黑陶文化”。该文化遗址因遍布山东、河南、陕西、山西、江苏等地，又被划分为山东龙山文化、庙底沟二期文化、河南龙山文化、陕西龙山文化、龙山文化陶寺类型等。

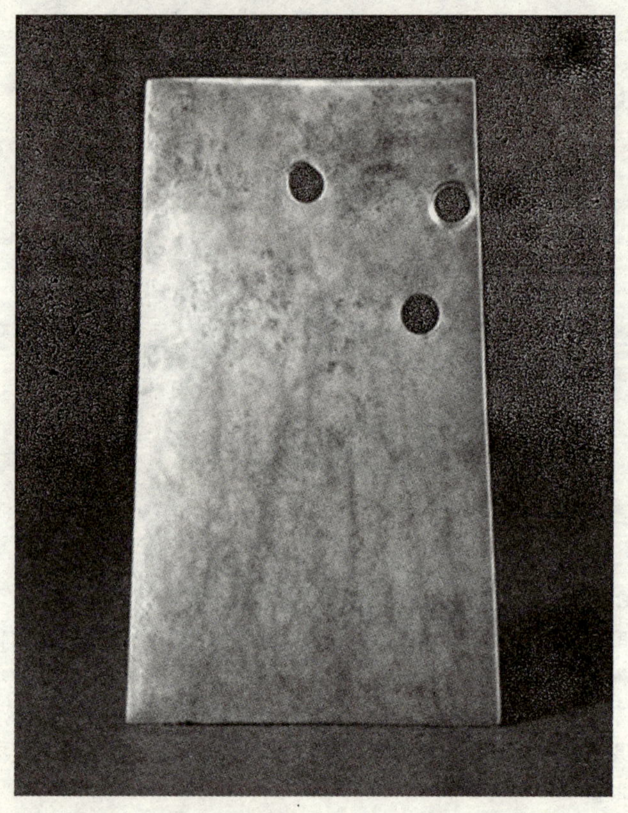

▲ 新石器时代龙山文化三孔玉铲

长 27 厘米，宽 16 厘米，厚 0.8 厘米。此铲为梯形，青黄色玉料，有较重的赭色斑。片状，宽端有刃，刃自两面磨出，窄端中部有一孔，旁有二孔。表面光滑，造型规整，边线平直，表现出较好的加工技术。此玉铲制造精致，无砍砸使用痕迹，应为龙山文化时期的玉礼器。

山东龙山文化又称典型龙山文化，它上承大汶口文化，下接岳石文化，年代为距今4000～4500年，主要分布于山东中部、东部和江苏省的淮北地区。山东龙山文化以生产黑陶著称，陶器生产普遍采用轮制，器壁薄而均匀，造型规整。器表多被磨光，常见纹饰有划纹、弦纹、竹纹等。山东龙山文化的社会经济是在大汶口文化晚期基础上发展起来的，以原始农业为主，兼营家畜饲养、渔猎及原始手工业，农业生产工具有刀、镰、铲等，以种植粟类作物为主。饲养的家畜有猪、狗、羊、牛等。辅助性的渔猎经济仍占很大比重，狩猎的对象主要是鹿。原始手工业主要是制陶和制玉，玉器有阴刻兽面纹玉锛、扁平穿孔玉铲、三牙壁鸟形饰等，表明当时的制玉工业已达到了较

▲ 龙山文化红陶鬶

高19.4厘米，口径8厘米。鬶口外侈，圆唇，口沿一侧突出有半圆形流，束颈，在颈足间与流相对处有一带状鋬，下部有三个袋状足。鬶造型别致，端庄典雅，制作精细。

▲ 新石器时代龙山文化灰陶单耳鬲

陕西长安县阿底村出土，高23.3厘米，口径12.5厘米。最早的鬲——空袋足饮具产生于新石器时代晚期，在青铜鬲出现之前，陶鬲一直是主要的炊器，其外形似鼎，但三足内空，目的是为了增大受热面积以更好地利用热能，主要用途是煮粥、制羹和烧水。绳纹在新石器时代的陶器装饰中广为流行。这件陶鬲是客省庄文化陶器的代表作品。

高的水平。金属冶炼是一项新兴的手工业，尚不甚发达，山东栖霞、杨家圈和三里河遗址仅有残破的铜锥和少量炼铜原料出土。山东龙山文化遗址多分布在河岸高地上，住房有方形或圆形半地穴式、圆形地面式和夯土台基地面式三种，墓葬方向均一致，被葬死者发现有枕骨变形和被拔除门齿的现象，这都是从大汶口文化中继承来的风俗。

庙底沟二期文化因1956年发掘于河南陕县庙底沟而得名，主要分布在豫西、晋南、关陕等地，年代为距今4800～4900年，属仰韶文化到龙山文化过渡阶段的遗存。庙底沟二期文化时期，人们的经济生活以农业为主，生产工具多使用规整而锋锐的磨制石器，打制石器基本断绝；与之相对应的家畜也增加了不少，如山羊、牛、鸡等，猪也不再是贵重家畜；渔猎经济仍旧盛行，狩猎对象是虎、狐、鹿、麋

▲ 河姆渡遗址木构水井遗迹（上）和草顶复原图（下中）

该水井挖在池塘底部，距今已有5600余年，是目前发现的中国历史上最早的一口水井。它是由200多根底部削尖的木桩打入地下，组成一个直径约6米的圆形栅栏桩，中间是4排密集的桩木，形成边长为2米的方形木构井，其内侧各有一根粗圆木，榫卯联接构成一个“井”字形框架，以支撑四边井壁的压力，防止排桩向井内倾倒。

等；黄颡鱼和厚壳蚌是人类捕捞的主要食物。随着经济的发展，饮食用的陶器也多与仰韶文化不同，以夹砂灰陶为主，陶胎变厚，器面多饰蓝纹，与仰韶文化多线纹互有区别。炊器中增加了袋足类的陶斝（jiǎ，古代盛酒等的器具，圆口，三足），改变了仰韶文化仅有实足类陶鼎的状况。特别是高腔圆筒形灶，下有火门，上有4个出烟圆孔，说明炊煮方法也有了改进。墓葬多为头南脚北的单人葬，葬式有仰身直肢和屈肢两种，很少有随葬品。

河南龙山文化主要分布在豫东、豫西、豫北一带，年

▶陶寺晚期遗址出土的朱书“文”字扁壶

该扁壶为残器，存留口沿及部分腹片。朱书“文”字偏于扁壶鼓凸面一侧，另在扁平的一面尚有一组朱书文字符号，这些文字有笔锋，似为用毛笔类工具所书。扁壶是陶寺遗址常见的一种汲水用的陶器，皆为手制泥质灰陶，其造型的基本特征是口部和腹部均呈一面鼓凸，另一面扁平或微凹，以利于入水，颈或口部设泥鋬，便于系绳。

代距今约4000～4600年，处于原始社会解体阶段。它上承庙底沟二期文化，并在此基础上最终孕育出中国文明初期的青铜文化。这时，人类的生产活动仍以农业为主，家畜中可能又增加了马和猫。陶器只有黑、褐两种，基本不见红陶，陶窑旁边钻有水井，说明人类已学会了凿井技术。占卜术也是当时流行的习俗，人们用猪、羊、牛、鹿的肩胛骨作卜骨，通过烧灼后辨别兆文以解释吉凶。

陕西龙山文化发现于陕西省西安市客省庄，主要分布于渭河、泾河流域，距今为4000～4300年。最能反映这一时期文化特征的是用内模制造陶器袋足。

龙山文化陶寺类型所处时期距今约为3900～4500年，因其遗址位于山西省襄汾县陶寺村而得名。陶寺先民过着长期的定居生活，以农业、畜牧业为主。出土的生产用具多为复合型器具，饲养的家畜种类繁多，以养猪业最兴。制石、制骨、制陶等手工业纷纷从农业中分离出来，还产生了木工、

▲ 新石器时代良渚文化三叉形玉器

高5.2厘米，宽7.4厘米，厚1.3厘米，白色，有红褐色斑，形如“山”字，底部圆弧，上部锯切出平齐的三竖叉。器身厚重，中叉上有上下贯通的小孔，可供穿系。正面雕琢兽面，眼、鼻、口均浮雕出轮廓，再以阴线刻出重圈眼睛、鼻孔及獠牙等细部。三叉上各刻羽状纹，象征神冠。1987年浙江余杭墓葬出土，出土时均置于死者头部，似为一种冠饰。

▲ 平湖戴墓墩遗址出土的宽把带盖黑陶杯

此杯为良渚文化中盛水或酒的器皿，杯身通体饰有精美的蛇、鸟纹，造型别致，装饰性很强。

玉石镶嵌和冶铜等新的手工门类。1983年，在陶寺遗址中发现了一件红铜制成的小型铃器，这件铜器的出土，刷新了中国冶金历史记载的记录。

良渚文化是对我国长江流域一系列重要的新石器时代文化遗存的称谓。1936年，施昕更先生首先在浙江余杭的良渚镇发现了以磨光石器和黑陶为主要内容的新石器时代文化遗址，引起世人瞩目。1959年，夏鼐先生正式以“良渚文化”命名之。良渚文化距今在4000～5200年间，它的前身是崧泽文化，其主要分布在环太湖地区，以杭州西北部的良渚、瓶窑、安溪一带为中心区域，北抵舟山群岛，西到宁镇山脉，南至杭州湾，北跨长江至苏北地区。

良渚文化由于地处江南水乡，人们便因地制宜地培育出了适合沼泽地带生长的农作物——水稻。水稻不但可食用，还能用来酿酒，盛酒的酒器是造型各异的黑陶。除了陶器，良渚文化的竹编、木作也具上乘水准，竹器有篮、席、簸箕、门扉等，木器有木杵、木盆、独木舟等。人们在制陶、制木的同时也在制玉，良渚玉器按其用途大致可分为两类：一类是礼器或宗教用品，另一类是装饰用品。1986年，在反山发掘的一处墓葬中曾出土玉器3200余件，品种多样，制作精美，有学者曾称誉这是进入文明社会的标志。

丰富的考古资料表明，父系氏族公社的社会生产力和生产关系的发展和变化是急速的，各地区文化发展的速度不平衡，各文化遗存之间存在着错综复杂、相互影响的关系。相比较而言，龙山文化和良渚文化发展水平最高、速度最快、阶级分化也最为明显，这些不但为孕育社会变革提供了诱因，也为原始社会的解体开辟了道路。

历史大视界

从母权制向父权制的转变，是通过新的婚姻和家族形式而实现的。恩格斯指出：“母权制被推翻，乃是女性的具有世界历史意义的失败。”从此，妇女成为父权制家族中料理家事的不自由的劳动力。

由母权制向父权制的过渡，是一个十分复杂、时间很长的过程，在这一过程中，母权制的不少残余在长时间内仍然保存着。

父系氏族公社仍保留着氏族社会的民主性质，它由若干个家长制大家族组成。家长制大家族是父系氏族社会的基本社会经济细胞，它往往包括三四代的男系亲属，大家集体耕种属于氏族的土地，在大家族内共同消费。

14. 农业的进步

大田多稼，既种既戒，既备乃事，以我覃耜，俶载南亩，播厥百谷，实函斯活。

——《小雅·大田》

父权家长制确立后，男子不再专事渔猎，而把更多的精力投入到了农业劳动之中，他们不断改进种植技术，革新旧工具，扩大耕地面积，增加农作物的品种，使得农业生产比母系氏族公社时期更为发达和繁荣。

发达的锄耕农业是龙山文化的重要特点，山东和河南的龙山文化是母系氏族公社时期大汶口文化、仰韶文化的进一步发展，所以龙山文化时期的社会生产力比过去有了显著的提高。这时的生产工具种类增多，出土有石斧、石铲、石锛、石凿、石枪头、石镰刀、双孔半月形石刀及各种石镞等；骨角器有凿、锥、针、梭等用具；蚌器多已破离，有刀、铲、锯、环、镞等。上述器具大都经过打、磨、修三个步骤，通体光滑、精致，这表明龙山文化时期的农业工具有了新的进步。从磨制工具看，仰韶文化中的石斧只磨刃，龙山文化时则通体磨光，这显示出龙山文化时期磨制工艺得到了更加广泛的应用。从钻孔工艺来说，仰韶

▲ 陕西省甘泉县龙山文化遗址出土的石镰

长 11 厘米，最宽处 4.5 厘米，厚 0.3 厘米，用麻砂岩通体磨制，呈半月形，弧背，刃口略有弧度，正中对钻一孔。

时期的有孔工具只有石斧、石刀等，龙山时期则增加了有孔石镰、有孔蚌镰。种类增多了，单孔也变为了双孔，双孔使农具与绳子或皮革能够更好地搭配使用，有利于农业生产。另外，双齿木耒、短柄鹤嘴锄等复合型工具也在当时出现了。人们使用这些工具披荆斩棘、翻土垦地，使农作物的收获量有了很大的增长。

正当黄河流域耕作农具长期徘徊于石铲、石耜、石锄的时候，长江流域却跳跃式地从锄耕农业跨进了犁耕农业。良渚文化中的石犁呈等腰三角形，形体扁薄，犁尖夹角大约为45°，两腰有刃，中部有一至三孔，小者长仅15厘米，大者长仅50厘米，后端略平或内凹。这种石犁须固定在犁床上才能真正工作。犁床由两部分构成，上为木板，下为垫木，石犁头嵌装在二者之间，在穿孔处以木楔固定，而石犁仅刃部外露。这样安装是为了保护石犁，使其不易损折，又便于更

换犁头。另外，宽大的木犁床在水田中有一定浮力，耕作时更省力。犁床又与犁柄相连，其上装有长辕，人操作时可比锄耕大大提高工作效率。长江流域水网密布、沼泽甚多，芦苇和野草杂生其间，要把这些土地辟为农田，必须用石犁才能将芦苇和野草的根部铲除。再者，土地经犁耕后，土壤松软，减少了病虫害，对地力的恢复极为有利。犁的出现，为开垦荒地和中耕技术的产生创造了条件。

▲ 浙江余杭石鸽出土的良渚文化石犁

长44.1厘米，宽33.1厘米，厚1.5厘米。这件石犁呈锐角三角形状，两腰开刃，后端弧凸，中钻二孔，用来安装和固定。犁是由耒耜发展而来的，耒耜是手推足蹴式的翻土农具，而犁则是由人力或畜力等作为牵引，将间歇翻土改为连续翻土，它的出现极大地提高了耕作效率。良渚文化的许多遗址都发现了石犁，是中国最早实现犁耕的农业文化之一。

从考古发掘材料看，良渚文化的稻谷已有粳稻和籼稻两个品种，同时还有蚕豆、花生、芝蔴、甜瓜和菱角等作物的遗迹。这说明南方的水稻种植已相当普遍，长江流域的原始农业得到了迅速的发展。此外，太湖地区还出土了一种用于戽（hù）水和捻河泥的工具，叫竹千篰（bù，竹子编的篓子），这是适应稻作的特点而发明的生产工具，反映了当时的人类已初步掌握了灌溉和施肥的技术。

农业发达了，畜牧业也跟着相应地繁盛起来。大汶口文化遗址发现有猪、狗、羊、牛、鸡的骨骼；龙山文化和齐家文化遗址还发现了驴骨和马骨；庙底沟龙山文化的26个灰坑发现的家畜骨骼，比同地仰韶文化168个灰坑发现的家畜骨骼的总和还要多。一些墓葬出土的公猪头骨鉴定表明，有的猪饲养时间已超过一年，可见饲养技术水平的提高。大汶口文化发现有整猪随葬的现象，这些都证明家畜的大量繁殖，可能已导致畜牧业从农业中分离出来。

历史大视界

由于农业方面从锄耕变为犁耕，人类改造自然的能力有了显著提高。在适宜经营农业的地区产生了一些以农业生产为主要经济活动的部落，在适宜进行畜牧业的地方则出现了以放牧、饲养畜群为主要经济活动的游牧部落。

15. 手工业的发展

礼云，礼云，玉帛云乎哉？乐云，乐云，钟鼓云乎哉？

——《论语·阳货》

手工业是父系氏族社会中仅次于农业、畜牧业的第三个大门类。在从事农业的地区，随着农业生产的发展和定居生活的稳定，农产品有了剩余，使少数人能够脱离农业以从事手工业生产，这不仅使手工业产品越来越精细，而且最终导致了手工业与农业的分离，从而形成了原始社会末期第二次社会大分工。这种新的社会劳动大分工是从制陶和冶铜等复杂手工业行业开始的，以后又逐渐扩展到手工业的其他各个部门。

制陶业在母系氏族社会时已有所发展，不过，那时还处于手制阶段。到了母系氏族后期才发明慢轮修整，如仰韶文化时期的彩陶，虽然很有艺术性，但是存在陶壁厚薄不均、器型欠规整等垢病。至龙山文化时期，加快了陶轮运转的速度，在陶器的制作中利用快轮急速旋转的力量，加上双手的配合，使制成的陶坯器型规整、厚薄均匀、生产效率大大提高。此时陶窑的结构也较仰韶文化时期进步，表现为窑室扩大和高温密封。窑室扩大可烧制较多的器物

▲ 龙山文化黑陶高柄杯

距今 5000~4000 年，口径 7 厘米，足径 6 厘米，高 15 厘米。杯敞口，束腰，高柄足外撇，平底。杯身有凸出的弦纹为饰，高柄中空，柄外壁镂三孔。因采用了轮制方法，器壁较薄，素面磨光，配以镂空等多种工艺手法，制作十分考究，是一件精致的饮酒用具。

或大型陶坯，而且火口缩小，火膛加深，支火道与窑箅孔增多能加强火力，温度可达1000℃以上。同时，高温下封窑技术的掌握，使烧成的陶器多灰黑色，陶质细腻，表里光滑而有闪光，这就是著名的“黑陶”。黑陶的大量出现是窑温提高的表现，这是因为充分燃烧耗光了窑内的氧气，陶土内的氧化铁还原成铁，陶色便发黑了。山东龙山文化的黑陶以造型美观、纹饰精细、器型多样而著称。有的黑陶陶壁仅厚0.5 ~ 1毫米，乌黑发亮，有“蛋壳陶”的美誉。蛋壳黑陶的出现，表明新石器时代的制陶业达到了顶峰。在同一时代，长江流域还出现了一种白陶。这种陶器是用最优质的制陶原料——含氧化铁极少的高岭土（又称瓷土）制坯烧成，特点是洁白、闪亮。这些技术成就，为后来制瓷业的发展奠定了基础。

制陶工艺进步的同时，所制陶器的种类也日益繁多，有扁足的鼎和高足的豆，以及前有扁嘴、后有把的三空足鬶和三足鬲等。在纹饰方面也变得多姿多彩起来，有精细的彩绘、纤细的花纹，还有纺编镂空，这使得制陶技术逐渐走向艺术化，并只为少数人所掌握。这些富有经验、擅长制陶技艺的生产者们，逐渐把原属氏族公社集体事业的制陶业变成了他们个体家庭的产业。从龙山文化和良渚文化的大部分遗址看，陶窑大都分散在个体家庭的房前屋后，公共的窑场逐渐消失了。

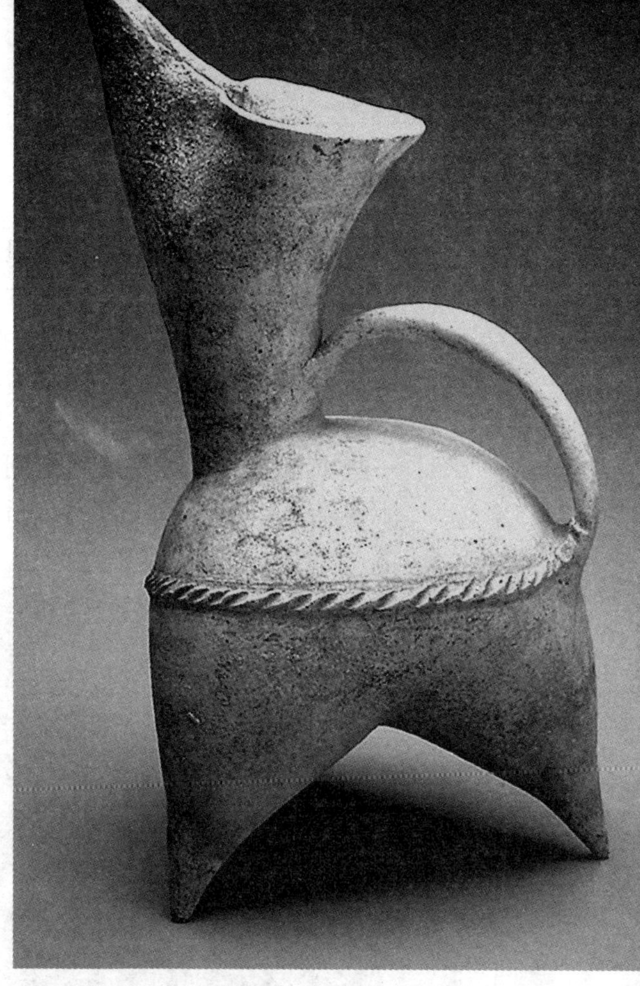

▲ 山东泰安大汶口遗址出土的白陶鬶

该陶器被原始先民用作加热水或酒的容器，其形体奇特别致，整体形象秀丽挺拔，如一只伸着长喙的鸟，正引颈而歌。其底部有三只丰满的袋足起稳定支撑的作用，同时也便于加热。它是由高岭土经过1200℃左右的高温烧制而成，胎壁较薄，质地坚硬，表现了当时高超的制陶技术。

冶铜业的出现是父系氏族时期除快轮制陶外的另一项突出成就。最初，人们只是加工自然界中的红铜，以后发现孔雀石之类的矿石也能炼出铜来。红铜具有延展性，容易冷锻成形，比石器优越，所以，红铜的冶炼逐渐成为一项新兴的手工业门类。在冶炼红铜的过程中，人们发现红铜加上少量的锡矿，既易熔化，冷却后又比红铜坚硬，打制成型也较容易，于是青铜器应运而生了。在辽宁省大连市羊头洼、陕西榆次源涡镇、山东胶县三里河、河北唐山大成山等龙山文化遗址中分别出土过青铜片、铜牌、铜锥、铜渣；齐家文化出土的铜器更多，有刀、坠、环、凿、铜片、铜渣、铜钻头、铜匕、铜镜等。另外，在早期的马家窑文化遗址中还出土过铜刀。这些刀、斧、钻、锥等明显是工具，另一些如铜牌、铜坠、铜指环等则为装饰品，如铜指环出土于墓葬主人的手指处，当为戒指的原形。有人将冶铜业的

▲ 齐家文化三角纹镜

这是中国发现的最古老的铜镜之一。

出现归结为某个圣人所为，如“蚩尤作冶”、“蚩尤以金作兵器”、“黄帝采首山之铜，铸鼎于荆山之下”，这是一种民族心理的反映，而非真正历史事实。

铜器是人类在打制石器的过程中产生、分化出来的，在生产、生活中虽还不能代替石、骨工具，但金属的冶炼成功开辟了人类历史上的一个新时代。制铜是一个相当复杂的过程，包括采矿、冶炼、制模、熔铸、锻打等一系列过程，劳动耗费时间也长，必须有专业人员专司其事，这就又促进了手工业的分工，使其他手工业也因之得到了发展。

我国的吴兴竹编业历史悠久，早在5000多年前的良渚文化时期就已十分发达。在浙江吴兴钱山漾遗址中出土的竹编器物有200件之多，如竹篮、竹

▲ 嫘祖像

传说嫘祖生于成都平原的西陵嫘村山，家中父母多病，她自幼便经常去野外山路采集瓜果为食。有一年，山中的野果也欠丰收，嫘祖想到一家人忍饥挨饿的样子，不禁哭出声来。这事被天帝所闻，遂突发善心，把罪仙“马头娘”打下凡间，变成了吞吃桑叶的蚕。嫘祖发现蚕不仅可食，而且它吐出的丝还能织成衣服，于是，她把这些发现毫无保留地告诉了周围的人们。人们为了纪念她的功绩，遂隐去了她的真实姓名，都称她为“嫘祖”。嫘祖长大后，东边的夷人和南方的越人纷纷慕名求婚，不过全被嫘祖婉拒。最后，黄帝来到西陵园，见到嫘祖，二人彼此倾慕，遂结为夫妻。

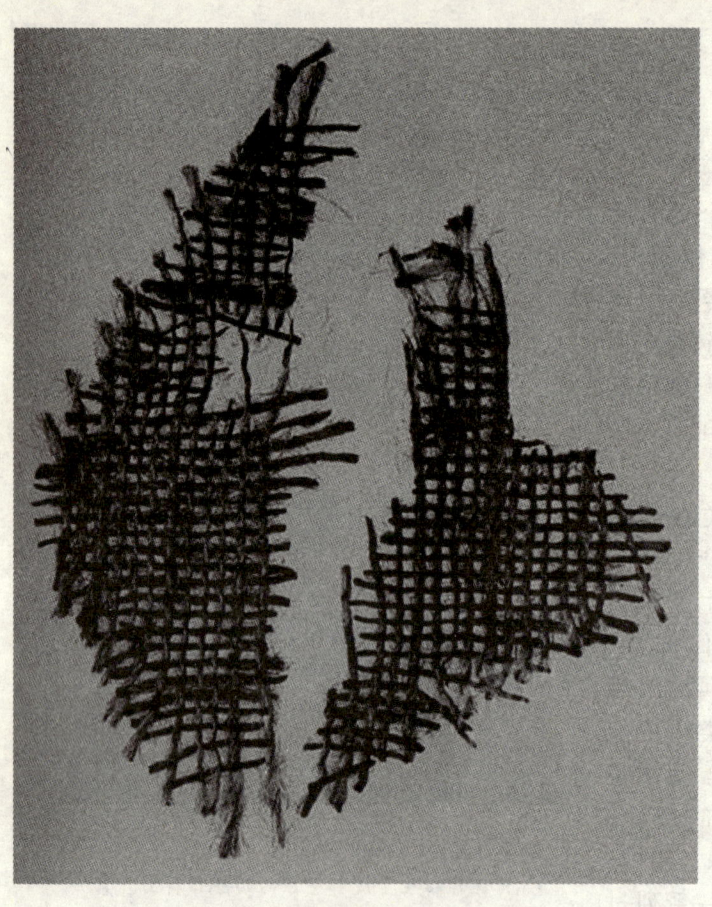

▲ 浙江湖州钱山漾遗址出土的麻布片

篓、竹席、竹绳、簸箕、谷萝等。编制手法因器而异，做工细致，坚固耐用，篾条交织成各种纹饰，常见的有十字纹、人字纹、梅花眼、菱形花格等，这表明当时的编织业已达到了较高的水平。

养蚕织丝也是我国对世界文明的重大贡献，著名的丝绸之路曾经是连贯东西方的纽带和传播文明的桥梁。古代希腊、罗马曾以艳羡的口吻称中国为“丝绸之国”。我国有“嫘祖始蚕”的传说，嫘祖乃是黄帝的妻子。《史记·轩辕本纪》载：“黄帝居轩辕之丘，而娶于西陵之女，是为嫘祖。帝游行时，元妃嫘祖死于道，帝祭之以为祖神。”

嫘祖其人已难考证，她劝民养蚕的故事极可能是先民发明织造艰难历程的一个缩影。其实，人类的织造并非从养蚕丝织开始的，最早的织造应是麻织。在钱山漾遗址出土的平纹麻布残片经纬密度为每平方厘米16～24根，有的经线31根、纬线20根，其密度与现代的细麻布相当。可见在这之前，麻织业已有相当长的发展时期，估计在母系氏族社会就已经出现了。

丝织业比麻织业在难度上要更高一些，它的发展也要晚一些。

▲ 钱山漾遗址出土的残绢片、丝线和丝带
这些绢丝织物出土时大部分保存在一个竹筐里。

蚕丝作为纺织丝绸的原料，属于动物性纤维，它不但纤长、强韧、能耐酸蚀，且光滑柔软，具有一定的弹性。最早的蚕是原始先民在采集野生蚕蛹时发现的，在剥茧过程中，逐渐受到启发而学会了用蚕丝来纺织。从河姆渡文化遗址出土的一件象牙小杯上雕有的确凿蚕纹来看，当时的人们已经认识了蚕，并可能已经学会了蚕丝纺织。

在钱山漾文化遗址中，曾发现有丝带、丝线和残绢片。丝带分10股，每股单纱3根，织成两排平行的人字形纹，宽约0.5厘米。绢片系平纹织法，经纬密度为每平方厘米48根，采用先缫后织的工艺。纤维原料都属家蚕丝，茧丝纤维偏细，主要通过增加经纬纱数以提高绢织物的密度。这样高超的工艺，现在看来也属十分先进了。

历史大视界

新石器时代末期，人类已知使用以纯粹形式存在于自然界中的金属——铜。在土耳基的恰约尼遗址，发现了用铜矿石直接打制的钻孔珠、扩孔锥、别针，这是迄今所知最早的铜器，年代为公元前7500年。后来人类学会冶炼铜(红铜)，但纯铜质地柔软，制成的工具不及石器坚硬，所以金石并用，石器在生产中仍占主要地位。考古学上把这一时期称为金石并用时代，又称铜石并用时代。

人类在冶炼铜的实践中，逐渐学会冶炼铜和锡的合金——青铜。由于青铜的熔点较纯铜低，硬度比纯铜高，易于锻制。在相当长时间里，青铜成为制造各种工具、器皿和武器的重要材料。所以，真正的金属时代是从冶炼和使用青铜器开始的。公元前3000年，两河流域、多瑙河流域已普遍使用青铜器。

16. 婚姻形态的变化

婿之父为姻，妇之父为婚……妇之父母，婿之父母相谓为婚姻。

——《尔雅·释亲》

人类的婚姻形态是随着社会的发展而逐步建立起来的。在人类社会初期，无所谓婚姻，任何男女老幼两性之间都可以发生性关系。随着人类物质文明与精神文明的提高才逐步建立起了婚姻制度。婚姻是家庭的基础、社会的细胞和人类生存的单位，有什么形式的婚姻，就有什么形式的社会组织。在人类婚姻形态的发展史上，大致可分为三个阶段：首先是猿人时代的杂交婚，第二阶段是血缘群婚，第三阶段是氏族群婚。

杂交婚的历史发生在人类的童年时期，最早可追溯到从动物状态开始过渡的时期。那时人类还处于蒙昧时代的低级阶段，人类结群而居，在群居生活中，任何男女都可以发生性交关系。在我国历史文献中，也可以找到有关杂交婚的传说记载，如《管子·君臣》篇说："古者未有夫妇匹配之合，兽处群居。"性杂乱的残迹，在近代一些少数民族的婚俗中也可以找到。生活在云南怒江的傈僳族人，过去在“守谷子”的秋收季节，他们就不分“长辈与小辈”，只要相互喜欢，就可以睡在一起，这种风俗正是性杂乱的遗存。

杂交婚已经是遥远的历史，最初的血缘群婚也实行杂交，后来才实行同一年龄内的血缘通婚。这是人类婚姻史上的第一种婚姻形态，或者称为族内群婚。这种婚姻形态，大致开始于蒙昧时代中期以前，亦即旧石器时代中期以前，距今约有四五十万年。

▲ 新疆吐鲁番汉代画像石中的女娲、伏羲及小人像

伏羲与女娲是中华民族最重要的两位祖先，也是主司生殖的。

血缘群婚是指在同一个血缘亲属集团内进行通婚，通婚的范围是限制和禁止父母与子女之间的性交关系，实行同辈通婚，也就是只允许同辈的直系的同胞兄弟姐妹互为夫妻。由于这种婚姻是在同一血亲集团内进行的，兄弟姐妹既是夫妻关系，也有共同的血缘亲属关系，所以称为血缘群婚。这种婚姻形式现在早已绝迹，但我国少数民族的神话传说中还留有它的印痕。其中伏羲与女娲兄妹结婚的故事，就是血缘群婚的反映。

我国云南怒族也有这样的神话传说：远古时候，洪水泛滥，淹没了所有房屋土地，只有兄妹两人躲在一个大葫芦内随洪水漂浮，得以幸存。洪水退后，兄妹钻出葫芦，只见乌鸦在啄食人尸。乌鸦对他们说："所有的世人都已经死完了，只有你们兄妹二人成婚才能繁衍后代。"他们没听乌鸦的话，兄妹二人分开向南北两个方向走去，但找不到配偶，在毫无办法的情况下，哥哥只好提出与妹妹结婚。妹妹说："如果你能用弓箭射中贝壳的孔，我们俩就成婚。"结果，哥哥屡射屡中，兄妹便结成婚姻。婚后生九男九女，九对兄妹也互相成婚。

台湾高山族的《纹面的起源》传说，也有兄妹成婚的故事：远古时候，有一块巨石裂开了，出来一兄一妹，长大后没法配偶，妹妹就以炭灰涂花脸，使其兄不能辨认，于是兄妹成婚。

血缘群婚的存在，还可从亲属称谓制度中得到证明。亲属称谓，一般是由婚姻形式决定的，但亲属称谓的变化落后于婚姻形式。因此，婚姻形式发生变化，发展到新的阶段以后，往往还保留着旧的亲属称谓。血缘婚姻因为是兄弟姐妹间通婚，所以亲属称谓便没有父方与母方、夫方与妻方、血亲与姻亲的区别，如父亲与舅父不分，因为母亲的丈夫就是母亲的兄弟；其次是母亲与姑母不分，因为母亲的妯娌就是母亲的姊妹。又因为是群婚，父亲的兄弟也就是母亲的丈夫，所以叔伯与父亲用同一称呼；母亲的姊妹也都是父亲的妻子，所以姨母与母亲用同一称呼等等。血缘群婚是人类婚姻史上的低级形式，但它实现了人类性交关系的第一次限制，这对人类体质和智力的发展都是十分有益的。

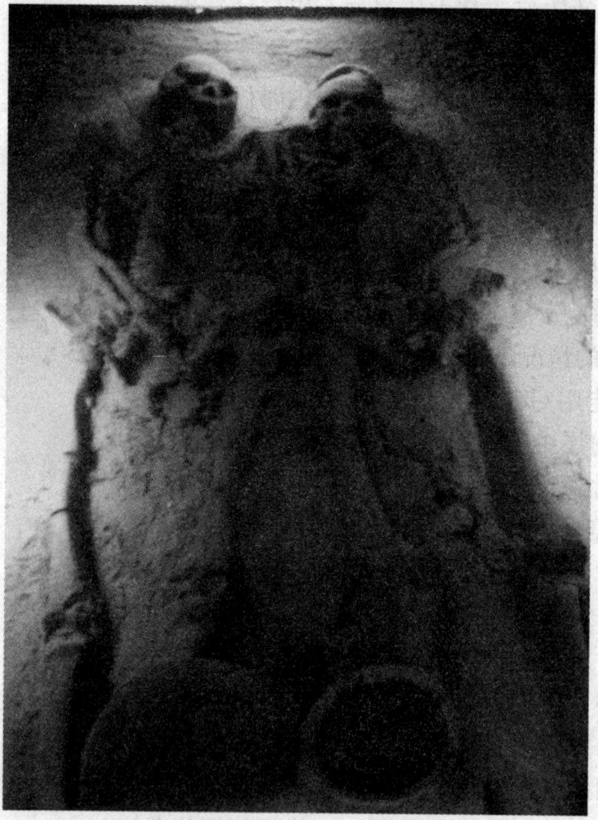

▲ 半坡遗址的合葬墓

由于还处在母系氏族公社阶段，因此合葬都是同性，而不是夫妻。

进入母系氏族公社后，母系血缘的行辈观念开始形成，同时排斥同胞兄弟姐妹互相通婚，但堂兄弟姊妹还继续通婚。血缘群婚在人类发展史上经历了数百万年的漫长时期，是由杂交婚到氏族外群婚制所必不可少的过渡阶段。

母系氏族公社时期，农业和定居的出现，促进了生产力的发展，人类开始营建固定的住宅。同时，妇女在氏族内部的主导地位，使她们成为氏族外婚制的中心，形成了从女方居住的婚配形式。所谓氏族外婚制，即禁止氏族内部通婚，而实行氏族之间的婚配。这种婚配制度起初也是以群婚状态存在的，中间经历对偶婚，最后向一夫一妻制过渡。由于上述婚姻形态都有一个互相消长的过程，所以并不泾渭分明。

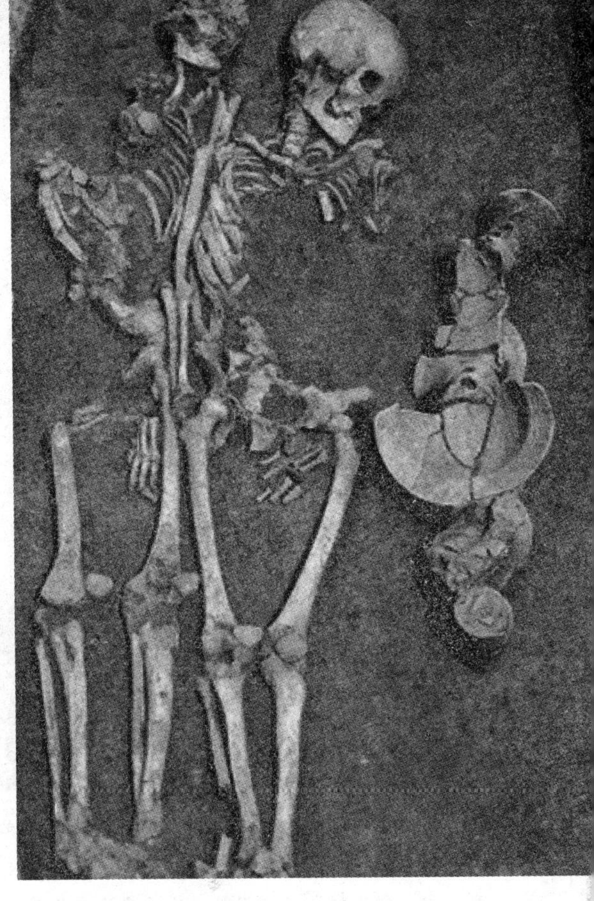

▲ 大汶口文化夫妻合葬墓

氏族早期多集体合葬，晚期时集体合葬消失而出现一男一女的合葬墓，这反映了氏族组织的解体，一夫一妻制的逐步确立和稳固。

从群婚制到对偶婚的过渡，主要归功于广大妇女。首先，原始经济的发展，人口密度的增大，氏族间来往的频繁，让群婚已失去了原始的朴素性质。其次，许多男子的来访，使身负重担的成年妇女越来越感到屈辱和难堪，因此，已有子女的妇女迫切要求保持贞操，只同一名男子建立长久或暂时的关系。从当时妇女所处的社会地位看，她们有条件实现自己的愿望，同时，随着氏族群婚的发展，不许通婚的限制也越来越多，原有的一男一女的成对配偶制也获得了发展，于是出现了对偶婚。

对偶婚是一种脱离群婚状态，仅限单个男女之间，可以轻易离异的婚配形式。这时，妇女是其丈夫的主妻，也是他的伴侣，他们共同照顾子女。但是，世系仍按母系计算，子

▲红山文化晚期（距今约5000年）的饮酒器具——双颈连通陶壶

此壶造型奇特，腹部呈椭圆形，两侧有环形耳，以利穿绳提拿；腹上部并列双颈，挺直修长，口微敞；小平底亦作椭圆形，放置稳固。腹部较大，内部连通，是盛装酒的主要空间；上部双口是装酒的入口，也是饮酒时的出口。制作精美，小巧玲珑，红陶衣外饰黑彩，是当时饮酒器具中的精品之作。可能与红山文化晚期先民逐渐走向对偶婚，表示诚心结合所用的酒器，有如后代的合卺杯，看来中国人结婚喝交杯酒的习俗由来已久。也可能是聚落结盟时所用的酒器，同腹容酒，双口饮用，表示两方无猜，有如后代的饮酒盟誓。

女属于母系。有学者指出："对偶婚给家庭增加了一个新的因素，除了生身的母亲之外，它又确定了确定的生身父亲，而且这个生身的父亲，大概比今天的许多父亲还要确实一些。"可见对偶婚已不再是以往群婚时的单纯的性生活关系。

对偶婚有两大特点：第一，是一个男子与一个女子发生了较为固定的关系，这是与以往群婚制的重大区别。第二，男女平等，没有歧视妇女的现象，这是对偶家庭与一夫一妻制家庭相区别的特点。

我国民族学资料中，有不少对偶婚的记载。《三国志·魏志》记载：高句丽“其俗，作婚姻，言语已定，女家作小屋于大屋后，名婿屋，婿暮至女家户外，自名跪拜，乞得就女宿，如是者再三，女父母乃听便就小屋中宿，停顿钱帛、至生子已长大，乃将妇归家。”

对偶家庭是母系氏族晚期的婚姻形态，由于本身很脆弱，所以并未形成独立的经济单位，但从此夫妻有了共同的利害关系，丈夫开始进入妻子的经济单位，并取得了立足点，由此为父权制的发展打下了基础。

母系氏族社会晚期，随着耜耕的推广、犁耕的出现、冶金技术的发明、快轮制陶手工业的发展和畜牧业的扩大，男子在农业、畜牧业和手工业中日益居于主导地位，他们不仅是生产的主要承担者，也是经济命脉的主宰，并且开始掌握越来越多的财产，有了私有欲望，并传之后世。男子们的这种愿望和行为，只是局限于他们所生存的年代，一旦他丧失生活的能力，他所创造的财富就落入他人之手，或者由他妻子的母系氏族所有，或者由本氏族的姊妹、甥女继承。因为当时尚有男嫁女娶的对偶婚，母系氏族还充满着活力，世系是按母系计算的，财产也由氏族集体继承，并不由自己的子女继承。在这种情况下，男子“产生了利用这个增强了的地位来改变传统的继承制度使之有利于子女的意图”，而这种“希望把财富传给子女的想法导致把世系由女系过渡到男系时，这时便第一次奠定了父权的坚固基础”。在这种情况下，出现了两种趋势：

一是男子拒绝出嫁，改变从妻居为从夫居，娶妻生子，同时把姊妹嫁出去，这样自然父子相承，建立起父系血缘为纽带的父系家庭公社。

二是男子虽然出嫁，但他凭借自己的经济地位，改变母方的家庭公社结构，在下代实行男娶女嫁，这样就破坏了母系继承制。

无论是哪种方式，都能进一步维护父子继承关系，摒弃母女继承制度，这种以父系血缘取代母系血缘的转变，就是对偶婚向一夫一妻制的过渡。不难看出“一夫一妻制的产生是由于大量财富集中于一人之手，并且是男子之手，而且这种财富必须传给这一男子的女儿、儿子，而不是传给其他任何人的子女，为此，就需要妻子方面的一夫一妻制，而不是丈夫的一夫一妻制，所以这种妻子方面的一夫一妻制根本没有妨碍丈夫的公开的或秘密的多偶制”。

历史大视界

一夫多妻制之所以流行，是基于私有制的发展。在私有制下，妇女与牛马猪羊一样，也被视为一种财产，谁占有较多妻子，谁就占有较多财产。这些妻子不仅能从事农耕、纺织、放牧等生产，也能获得子嗣，发展人口，这是多妻制流行的主要原因。所以，有产者多实行一夫多妻制，有些氏族成员由于妻子不育或者只生女不生男，也有再娶的现象，这也是一夫多妻制的一个原因。

17. 文字的出现

上古结绳而治，后世圣人易之以书契，百官以治，万民以实。

——《周易·系辞》

文字是保存和传达语言的一种书写符号，它扩大了语言在时间和空间上的交际作用，促进了人类的文明。文字的产生经历了一个漫长的历史过程，文字产生以前的许多万年中，语言始终是原始人的主要交际工具。随着生产的发展和生活内容的增加，不留痕迹的语言已不再能满足社会的需要，于是需要把语言记录下来，将信息传达给生活在不同空间与时期的人们，这样就慢慢产生了记录语言的符号与文字。

在长期的生产生活中，原始人类为了把信息传到远方，并且达到记忆的目的，开始时常采用“结绳记事”和“契木为文”的方法。在乐都柳湾马家窑文化晚期墓葬中曾出土40件骨片，大小相若，形制一样，其上有不同的缺口。此前在西宁朱家遗址也发现过类似骨片，当为以骨片记事的产物。

结绳记事是用绳子打结的方法把所要表达的意思记录

▲ 古人刻木记事

下来，这是最方便和通用的一种方法。在我国文献上就有结绳记事的记载，例如，《庄子·胠箧》篇说："昔者……祝融氏、伏羲氏、神农氏，当是时也，民结绳而用之。"《老子》中也说："使民结绳而用之。"《周易·系辞》也同样说到："上古结绳而治，后世圣人易之以书契，百官以治，万民以实。"

在我国一些少数民族历史上，也曾经采用过结绳记事的方法。例如独龙族人就曾经用绳子打结的办法来计算时日。他们外出行走，每走一天就在绳子上打一个结；约朋友相会，就按照约定的天数，先在绳子上打几个结，每过一天就解去一个结，到绳结解完时就知道相会之期已到。西藏的珞巴族人和僜人也用此方法计算时日，如僜人过去相约亲友赴宴，事先即向亲友分送一根打好结的绳子，结的多少，即表示宴会日期在多少天后举行。

有些少数民族还用结绳的方法记账。例如傈僳族有个黑财主，他的侄子在父母双方都去世后，曾同他一起生活过几年，从侄儿进家之日起，每过一个月他便在麻绳上打一个结，当侄儿长大参加工作后，他即拿出绳子和侄儿算“伙食费”。

刻划符号是人们在某种物体上刻划或书写用于记事的一定符号，这是在结绳刻木记事的基础上产生的。刻木记事的方法在我国少数民族中曾广泛应用，刻划的方式则千差万别。符号所表示的意思只有当事人才能理解，在表达复杂的意思时，往往还同其他记事方法结合起来。现在所见少数民族使用过的木刻，有很多已难明其意。不过，从这里可以知道，木刻记事的方法在原始社会时期是为人们所习用的。在西安半坡新石器遗址出土的彩陶上，常发现刻有简单而又整齐规则的符号，按不同种类统计有四五十个之多。最常见的是一竖划，其次是“Z”形。在临潼姜寨遗址出土的陶器上，发现有120多个刻划符号，共39种。1974年在青海柳湾马家窑文化马场类型墓葬出土的彩陶壶上也发现一些符号，已收集的多达50种，其中以“＋”、“—”和“卐”符号最常见。关于这些符号是否可算作最早的中国文字，学术界至今意见分歧很大。郭沫若曾这样评价道：“刻划的意义至今虽未阐明，但无疑是具有文字性质的符号，如花押或者族徽之类。我国后来的器物上，无论是陶器、铜器或者其他成品，都有‘物勒工名’的传统，特别是殷代的青铜器上有一些表示族徽的刻划文字，和这些符号极其类似。彩陶上的那些刻划记号，可以肯定地说就是中国文字的起源，或者中国原始文字的孑遗。”

无论结绳记事还是刻划符号，一般只能表达数量，而

▲ 马家窑文化墓葬出土的器物上的符号

1974 年在青海乐都柳湾马家窑文化的墓地里，发现在随葬陶壶的腹部或底部有涂画的符号，每件器物上画一个，共 50 种符号。根据甲骨文的成熟度，可推测这些陶器上简单而似文字的刻划就是中国初期的文字。

无法反映事物的特点和性质。后来，原始人发明了图画文字，图画可用来表现思想、记载事实。图画文字约产生于新石器时代，它常常以一整套图画刻画在树皮、石头、骨片和皮革上，来表现某种完整的事件或思想。图画文字一般只能反映所要叙述的内容，而不反映语言的形式和抽象、复杂的概念，它介于图画和文字之间，是文字产生的第一个阶段。图画文字进一步发展，又产生了象形文字。象形文字是用一定物体的形象符号来表示一定意义的文字，有一定的读音，已是真正的文字。

在山东莒县陵阳河和诸城前寨两个大汶口文化遗址，共发现了刻在16件陶器上的18个图像文字。其中两个是锄和斧的象形，我国古文字学家唐兰释为“斤”和“戌”。另有一个图像文字，是“日出”的意符字。唐兰认为这个字的上部为“日”，中部为“火”，下面是“山”，因而释为“炅山”，简化为“炅(jiǒng)”字。古史学家于省吾则认为上部像日形，中间像云形，下面像山，谓“山上的云气承托着初出的太阳，其为早晨旦明的景象，宛然如绘。”又谓：“这是原始的‘旦’字，也是个会意字，写成楷书则作‘昍’。”这个字在两处遗址的三种器物上重复出现，显然已经发展为定型的文字。唐兰说：“这些象形文字跟商、周青铜器文字和商代甲骨文字以及陶器文字，都是一脉相承的。”由此我们可推测出，汉字的渊源可追溯到距今约4500年前后的大汶口文化时代。

▲ 陵阳河大汶口文化刻纹陶尊上的日月山形纹

在我国历史上，《淮南子》与《吕氏春秋·审分览》及其他文献中均有“苍颉作书”的记述。《说文解字》云：“黄帝之史苍颉见鸟兽蹄迒之迹，知分理之可相别异也，初造书契，百工以乂，万品以察。”“苍颉之初作书，盖依类

▲ 仓颉像

据说仓颉有龙的形貌，长着四只眼睛，他最初按照龟甲的纹络发明了文字。文字创制出来以后，天上落下了粟米，夜晚鬼都哭泣，龙也躲了起来，可见文字之威力。

象形，故谓之文，其后形声相益，即谓之字，字者，言孳乳而浸多也。”《河图玉版》又载：“苍颉……南巡登阳虚之山，临于玄扈、洛汭之水，灵龟负书丹甲青文以授之。”根据记载，我们可知苍颉曾为黄帝的史官，职责是参酌当时通行的各类文字，加以统一规范。他因在洛汭河边看到一只红甲青斑的乌龟而受到启发，继而开始临摹山川鸟兽日月星辰

◀ 陕西白水仓颉庙内的《仓圣鸟迹书》碑

此碑为黑色的石头上刻着 28 个古怪的符号，相传这就是仓颉当年所造象形文字的本形，是中国现存最古老的文字。这些鸟迹书由小的图形和画面组成。此碑立于清乾隆十九年十月（公元 1754 年），碑面所镌 28 个字由白水知县梁善长摹写。

等各种自然物象，创制出了更多有声有义的图形文字。苍颉在造字时，常常一边思考，一边嘴中反复诵读事物的名称，久而久之，文字的读音也被确定下来。苍颉用毕生的精力，

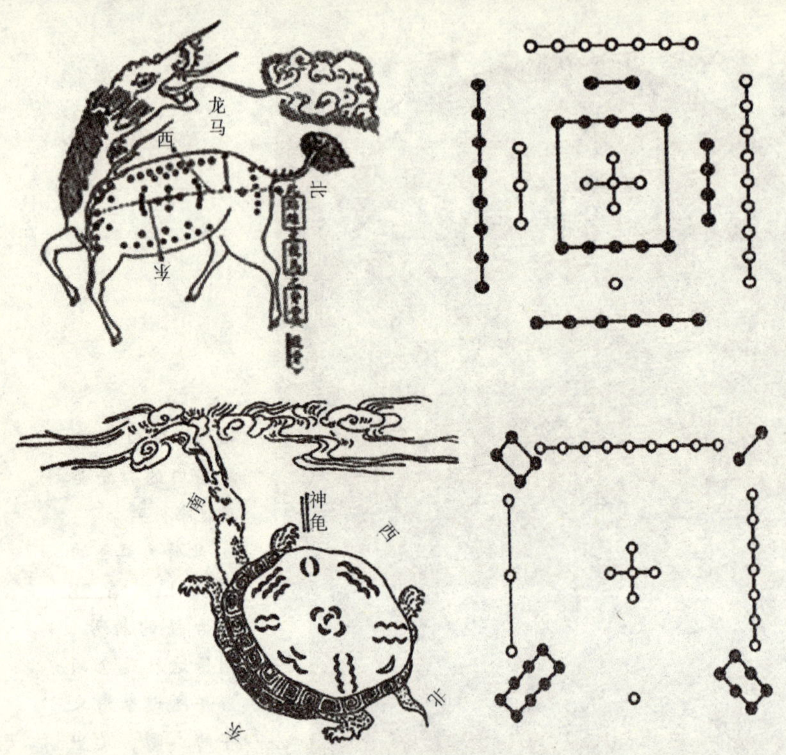

▲ 河图洛书

河图与洛书是中国古代流传下来的两幅神秘图案，历来被认为是中华文明的源头。相传，上古伏羲氏时，洛阳东北孟津县境内的黄河中浮出龙马，背负“河图”献给伏羲，伏羲依此而演成八卦。又相传，大禹时，洛河中浮出神龟，背驮“洛书”献给大禹，大禹依此治水成功，遂划天下为九州，又定九章大法，治理社会。

终于完成了对文字的整理、统一、简化改造和补充增益工作。因为苍颉创字，发萌于龟的启示和龟的临摹，所以古籍上有灵龟负书授丹青的记载。

历史大视界

距今2~3万年前，世界各地就已存在一些刻划有点、线的骨块。公元前6500年，中非出现一组带有刻痕的骨块，每组具有3~21个不等的刻痕。虽然我们还不了解这些刻痕的意义，但它表明，早在旧石器时代晚期，原始人已可能在尝试贮存某些信息，以帮助记忆。民族学资料中有许多刻木、刻竹、刻箭记事的例子。结绳也是一种特殊的传达信息和帮助记忆的符号。古代中国、日本、波斯、埃及、墨西哥、秘鲁都曾盛行结绳记事，其中古代秘鲁印加印第安人的结绳记事最为发达。他们使用一种打结的绳，叫做“魁普”，意思就是“结子”。绳子和结子的数目、大小、颜色，以及结与结之间的距离都有一定的含义。

无论结绳还是刻痕记事，都无法反映事物的特点和性质，后来原始人发明了图画文字。北美印第安人、爱斯基摩人、西伯利亚北部一些部族、美拉尼西亚人、密克罗尼西亚人都擅长图画文字。图画文字进一步发展，产生了象形文字。象形文字是用一定物体的形象符号来表示一定意义的文字，有一定的读音，它已是真正的文字。文字发展很关键的一步是符号不仅表示一定的意义，而且代表一定的发音。象形文字后来又演进为表意文字，在表意文字中，形象逐渐为定型化的符号所代替，并且与一定的读音相联系。

最早的文字产生于公元前4000年代末，在西亚的塞姆语区，创造者是苏美尔人。

18. 私有制的产生

古之葬者，厚衣之以薪，葬之中野，不封不树……后世圣人易之以棺椁。

——《周易·系辞》

在原始社会，因为生产力水平十分低下，人们只有依靠集体的力量共同劳动，才能取得维持最低生活限度的生活资料，没有剩余产品，因此不可能有私有财产，也没有私有观念。从农业革命起，生产力水平逐步提高，农业、饲养业迅速发展，使劳动产品有了一定的剩余，私有制产生的基础出现了。

到了父系氏族社会，男子在生产中作用的提高使私有财产的范围更加扩大。一些氏族部落的首领和家族长利用自己对公共财产的管理和分配权，把一些集体的财富据为己有。最初成为私有财产的是生活用品、生产工具、武器、装饰品和牲畜，然后扩大到房屋、劳动产品等，再以后，作为最基本生活资料的土地，也为父系家族或小家庭所占有，而仅仅保留氏族或部落公有的名义。

以大汶口文化为例，由于生产工具的改进，不仅减轻了劳动强度，而且大大提高了劳动效率。农业、手工业方

▲ 大汶口 13 号墓

此墓是夫妻合葬墓，墓中随葬有 14 个猪头。

面的产品都有大幅度的增长，尤其是农业的发展，促进了饲养业的兴盛。如大汶口的墓葬三分之一以上都有猪骨随葬，有的用半只猪架，有的用猪下颌骨，也有的把猪蹄放在鼎中，最多的是用猪头随葬，43座墓中有93个猪头，最多的一个有14个。

◀ 大汶口文化遗址出土的透雕象牙梳

长16.4厘米，宽8厘米，条形框内的主体纹饰为透雕的一组类似八卦中乾纹符号“☰”组成的“S”纹，“S”纹两个开口处各有两个“☰”纹符号，“S”纹上下内填两个背向的“T”纹图案。主体纹饰的下方为15个象牙梳齿，颀长细密而均匀，集实用性与审美价值于一身。

在原始社会，家畜是最大、最有价值的动产，它不但可供食用，还是祭祀的牺牲，或者作为交换其他物品的对象。在父系氏族墓葬中可以看出，以猪头或其他牲畜随葬的现象十分普遍，最多的一墓随葬64副，表明牲畜成了个体家庭私有财产的重要来源之一，也是衡量个体家庭财富的重要标志之一。

随着牲畜等动产变为私有，私有财产的范围逐渐扩大。如生产工具、陶器和各种装饰品等也成为财富积聚的对象。大汶口文化晚期的墓中，常常随葬有成百件的物品。在一些富有的大墓中，既有葬具，又有大批的随葬品，最多的达180多件，包括精美的彩陶、黑陶和白陶及石质、骨质的工具和装饰品，甚至还有透雕刻花的骨梳和象牙雕筒等工艺品。这些有大批精美随葬品的墓葬与葬在同一墓地而几乎一无所有的墓葬形成鲜明的对比。这种贫富悬殊的现象，在曲阜西夏侯、胶县三里河、乐都柳湾、余杭反山墓地均有十分明显的反映。

1974年到1975年在青海省乐都县柳湾发现了一处很大的齐家文化氏族公共墓地。据统计，197号墓随葬器物共66件，其中有斧、锛、凿等生产工具以及罐、壶等彩陶；211号墓随葬品共66件；564号墓随葬品共95件。这三座墓中随葬的陶器，都远远超出死者生前生活所必需，这显然代表死者所拥有的财富。与大墓形成对比的是小墓，如170号墓中随葬的陶器仅有灰罐1件、双大耳罐2件；176号墓中随葬的陶器仅有小垂罐、侈口罐各1件；243号墓中随葬有彩陶壶1件、侈口罐1件及一残陶器底部。这些贫乏的小墓与那些丰富多彩的大墓相比，形成了贫富悬殊的对照。

▲ 兴隆洼遗址人猪合葬墓

在内蒙古赤峰市敖汉旗兴隆洼遗址发掘出的居室墓中，有一座罕见的人猪合葬墓，墓主人直卧一侧，两头猪一前一后卧于另一侧，而且是一公一母。从墓中猪的骨架来看，牙很长，应为野猪。因此可以推测，8000年前的兴隆洼先民已经开始驯养野猪。

▲ 青海省大通县出土的双大耳罐

齐家文化中晚期，泥质红陶，高 10.5 厘米，口径 7.5 厘米，为食器。齐家文化陶器除素面器，主要有篮纹、绳纹装饰及少量彩陶。篮纹、绳纹一般饰于夹砂罐、双耳罐、单把鬲上，起加固和装饰作用；彩陶多施于泥质红陶上，以黑彩居多，也有红彩和紫彩。彩绘纹饰常见的有菱形纹、网纹、三角纹、波折纹、蝶形纹等。纹饰繁简不一，富于变化，题材也独具特色。

通过这些不同的墓葬可以了解到，在原始社会末期，私有制已经产生。私有制的出现是生产力发展到一定程度的产物，它一旦出现在氏族内部，就产生了巨大的离心作用，并在产品交换、部落之间的战争中不断扩大，从而加速了原始公有制的崩溃。

历史大视界

私有制的产生和发展，使氏族内部出现贫富分化的差别，有的家族利用传统的优越地位，占有大量的生产资料，成为氏族内的“贵胄”，有的则逐渐沦为平民或奴隶。

劳动生产力的提高，使生产趋向个体化。以前需要大家族集体力量耕种的土地，这时由少数人耕种就能获得所需的生活资料。个体生产的可能性和私有财产制的发展，以及私有观念的加强，使大家族发生分裂。个体家庭的出现，瓦解了作为父系氏族基本社会经济细胞的家长制大家族，某些个体家庭迁居到别处和与他们没有血缘关系的人杂居，形成以地域关系结合起来的农村公社。农村公社破坏了氏族的血缘关系，同时又保留着公有制的残余，比如土地、森林、牧场等是公有的，定期分配给家庭使用，它是生产资料公有制向私有制过渡阶段的社会组织。

19. 最初的阶级压迫

天下有不顺者，黄帝从而征之，平者去之，披山通道，未尝宁居。

——《史记·五帝本纪》

人类社会，最初是没有阶级的。当私有制发展起来之后，人们对社会产品、生活资料和生产资料的占有就会出现差别。这种差别的发展越来越悬殊时，就出现了贫富不均的两极分化，这就具备了阶级产生的物质基础和社会条件。因此，阶级的出现，是社会发展到一定历史时期的产物。

父系氏族社会阶级产生的最初表现便是男性对女性的奴役。男女双方在社会生产中地位的变化，也是父系氏族公社取代母系氏族公社的重要原因。父权制的确立，使男子在社会生产中的作用日益增强，妇女则逐渐从社会公共劳动中退居为以家务劳动为主，这导致她们在家庭中的位置也下降到无足轻重的地步。

在大汶口、刘林、野店等父系氏族墓地，共发现26座

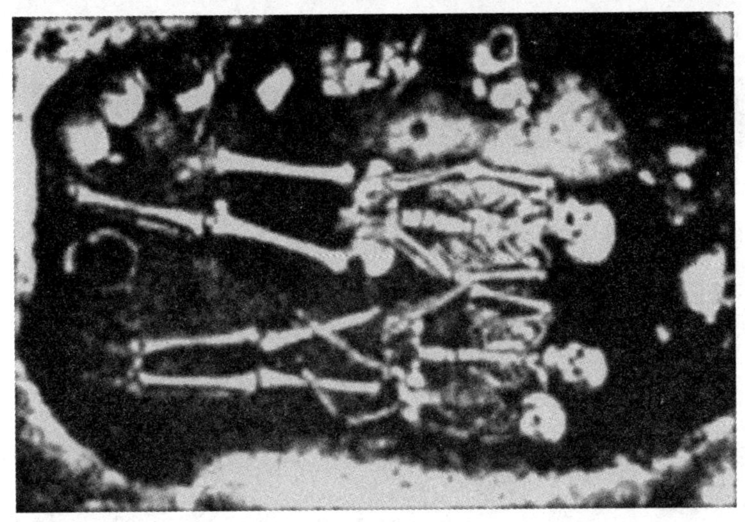

▲大汶口35号墓

这是一座三人合葬墓，墓中男子是墓主，其身旁的妇女和小孩是被殉葬的奴隶。三人同时埋葬，但随葬物品主要放在了男子的身边。这表明大汶口文化中晚期的原始居民已经进入父系氏族公社阶段，并且出现了私有财产。

年龄相当的男女的合葬墓，一律按男左女右的顺序排列。乐都柳湾墓地发现有3座男女合葬墓，其中一例女性被捆绑而葬，另例是生殉。在秦魏家墓地发现有16座男右女左的合葬墓，男子仰身直肢，女子下肢弯曲，侧身面向男子，显现出奴婢似屈从依附状。在其他地方还发现男子仰身置于棺内，一青年女子侧身面向男子卧于棺外，她的一条腿被压于棺下。这些墓葬的随葬品大都偏于男子一侧，且均是一次下葬的，很可能是以男子为主体，而把妇女作为殉葬的牺牲同时安葬的。当时一些富裕的男子或部落显贵已享有多妻的特权。在甘肃武威皇娘娘台遗址墓地发现了多座一男二女合葬墓，男子居中，二女分列左右侧卧其旁，上肢屈于胸前，下肢向后弯曲，活现出屈辱、侍奉的样子，这可能是妻妾为夫殉葬的例证。正如恩格斯指出的，历史上最初的阶级对立，是和个体婚制下夫妻间的对抗同时发生的，而最初的阶级压迫是和男性对女性的奴役同时发生的。妇女地位的下降已使她们沦入到受剥削、受压迫、受奴役的境地。

▲ 城头山遗址 M678 号墓

大溪文化和屈家岭文化时期墓葬中，进一步显示出氏族成员身份地位的差异。此墓中仰身直肢的骨架可鉴定为成年男子，随葬有磨光红陶器近 30 余件，颌下佩戴有两件玉璜，左侧还置放一小孩头骨。而多量的墓为屈肢葬，似经捆绑下肢，无一随葬品，甚至有的骨架是身首分离。差别明显的墓葬，展现了社会阶级分化的趋势。

原始社会中后期，随着私有制的发展，各氏族间为争夺土地财产而展开的冲突也日趋激烈，最后往往演化为较大规模的战争。同时，生产效率的提高及各个行业间的分离，也使人们认识到劳动力所含有的特殊价值。所以，战俘不再被随意杀掉，而是变成了奴隶。起初，少量的奴隶只是生产劳动中的助手，是集体的财产，其地位与主人也不是相差很大。后来，随着战争规模的扩大，奴隶数量大大增加，主人对奴隶的剥削和奴役也愈益加重，奴隶被成批地赶到田野和工场去劳动，他们的劳动力及其劳动成果全部归主人支配，自身也如牛马一样，成了主人的财产。主人对他们有生杀予夺之权，主人死时还往往用他们殉葬。

奴隶与其主人的对立，便形成了最初的阶级压迫。

阶级压迫可在原始社会晚期的墓葬中反映出来。如邯郸涧沟龙山文化的一个房基内和一个乱葬坑内，有砍伤的人头骨；一个直径约1.5米的圆坑里杂乱地埋着10具人骨，男女老少都有；还有一个废弃的水井中，堆积着五层人骨架，也是男女老少全有，或者身首分离，或作挣扎状。这些死者不是埋于公共墓地，而是男女老少同葬一处，显然不是自然死亡，而是由于一种外来强加的暴力所致。西安客省庄二期文化的乱葬坑中，有的人骨架呈单膝跪状，并

▲ 河北邯郸涧沟村龙山文化杀祭坑发掘出的人祭骸骨

其中有作为人祭的5~10岁儿童的骸骨。人祭是古代的一种祭祀礼俗，即杀人作祭品来祭祀神灵。

与狗埋在一起，可见他们生前应为奴隶或俘虏，地位十分低下。

奴隶最初仅限于战争中的俘虏，随着经济的发展，氏族内部出现了贫富分化，一些贫穷者也逐渐沦为奴隶。父系氏族公社的大家族内部，丈夫役使妻子，从而又产生了家内奴隶。奴隶制的出现，使全族共同生产劳动、共同分配、无阶级、无剥削、无压迫的原始社会特征遭到破坏，氏族制度逐渐走向解体。

历史大视界

处在大汶口晚期文化、龙山文化、齐家文化等阶段的氏族，虽然已经出现了奴隶，但由于当时奴隶在生产劳动中并未形成主力，奴隶和主人还没有形成两大对抗阶级，奴隶劳动也还没有形成一种经济体系。从一些大墓中出土了生产工具，说明大墓主人还没有脱离生产劳动。氏族制度虽已处于解体阶段，还不能说已经达到了完全的解体。

20. 原始城市

凡邑有宗庙先君之主曰都，无曰邑，邑曰筑，都曰城。

——《左传·庄公二十八年》

新石器时代中期，社会生产力大大提高，人口数量迅速增长并相对集中，不同于一般村落的大型聚落出现了。在这些聚落中，手工业者专司其职，并逐渐从农业聚落中分离出来。同时，社会分工越来越细，促使交易活动愈趋频繁。为适应这种社会活动，城市出现了。

城市的出现还有出于安全和自卫的目的。历史学家杨宽曾说："距今五六千年前，新石器时代的仰韶文化时期，氏族村落的周围已开始用壕沟作为防御措施，村落已有合理的布局。"这种带有防御性措施的村落后来就一步步地发展为城市，城市的出现不但有利于交易和防御，也适合氏族酋长组织管理和宗教祭祀。目前，在我国已发现许多原始城址，比较著名的如河南龙山文化的淮阳平粮台遗址、山东龙山文化章丘城子崖城址、天门石家河文化城址、良渚文化大型聚落群等，其中最完整、最具典型意义的要数河南淮阳平粮台城堡遗址。

平粮台古城遗址位于淮阳县城东南 4 公里处，距今已有 4600 多年的历史，是我国目前发掘出土年代最早的一座古城址。

这是一座正方形的城市，边长185米，使用面积3.4万平方米，建筑面积5万平方米，可见墙体十分坚固、厚重。如果加以复原，墙基宽约13米，顶部宽8～10米，残高3.5米，所需土方不少于4万立方米，工程十分浩大。

全城坐北朝南，方向为磁北偏东6°，几乎与子午线重合。南门较大，为正门，设于南墙正中，北门很小，略偏西，为后门。这种精心设计的格局体现了方正对称的思想，对后来中国古代城市的建设有巨大影响。

历史学家白寿彝曾对此城堡内的建筑设施作了严谨的论述：

城内有较高级的房屋建筑，现在仅挖掘了十几座房基，

▲ 平粮台古城址

都在东南角，看来还不是主体建筑。但即使如此，也可看出这些建筑非同一般。这些房子都用土坯砌筑，而且分成一间一间的，是分间式建筑。一些房子用夯土作台基，房内有走廊，比一般村落的房子讲究得多。由此可知，城市内的居民主要是一些有地位的人，还可能有相当部分是贵族和统治者。否则，他们是难以调集那么多人力、物力的，造那么坚固的城防工事本身就说明了问题。

那么多上档次的建筑，本身说明了人口的密集，这也是城市的标志之一。城内有较好的公共地下水道设施，这是人口密集的必然结果。当时供水的水源看来主要是水井，其中已发现了35米多长的排水设施，整个长度当然还不止于此。这段下水道正通过南城门，埋设在距地面0.3米的深度。水道本身由专门烧制的陶管套接而成，每节陶管长35～45厘米，直径细端为23～26厘米，粗端为27～32厘米。每节细端朝南，套入另一节的粗端。整个管道是北端即城内稍高于南端，可见此下水道是为解决城内废水向城外排放而设置的。

地下排水管的存在，本身就说明了用水量的巨大，也间接地告诉我们城市人口的高度集中。在原始村落中，设置地下排水管是没有必要的。

城内有严密的防卫措施。有了城墙，还需要考虑城门的管理。这座城为了防卫的需要专门设置了门卫房。门卫房用土坯砖砌成，有两间，东西相对。两房之间的通道宽仅仅为1.7米，这样便于门卫把守。门卫房中看来日夜有人把守，因此，里面有灶面，可为门卫作炊事，吃饭睡觉也都在里面了。如在冬季，还可生起火盆，用以取暖。严密的门卫，再加上高高的城墙，在当时的条件下，足以应付一切来犯之敌了。

▲ 龙山文化时期城址出土的陶管

出土于河南登封王城岗，距今4300多年。这种陶制管道为城市排水管道，每节长35~45厘米不等，直筒状，两端粗细不同，细部有榫，可以套接。出土时管道呈北高南低状，宜于向城外排水。

城内还有一些手工设施。在城内的东南、东北、西南都发现了陶窑，说明制陶业已有了相当的发展。从陶制地下管道看，在制陶业内可能已有分工，有了专业的制陶工人。在城市东南角的第15号灰坑内还发现了铜渣，说明当时在城内已有炼铜工场和制作铜器的工场。

城内还有宗教活动的遗迹。在城西南角内侧埋着一大一小两头完整的牛骨架，看来是杀牲祭奠的遗迹。城内还发现一些小孩被埋葬，有瓮棺葬、土坑葬、灰坑葬，其中一些明显有祭奠的遗留。

山东龙山文化章丘城子崖城址，总面积约为20万平方米，呈“凸”字形。城址周围20平方公里内，密布龙山文化城址40余处，此中心城址外围大体还存在两个等级的普通聚落。

天门石家河城址总面积约120万平方米，呈平行四边形，外侧环绕周长约4800米的壕沟，是我国最大的原始城址。城内外8平方公里范围内，密布屈家岭文化、石家河文化遗址30余处；城内中部的谭家岭为主要生活区，有大批平地起建的单间、分间式房屋；城外东南角罗家柏岭附近发现了石家河文化一组大型非居住庭院式遗迹，地层中有许多石器半成品、石料、精美玉器，还有铜片、铜渣和铜矿石，可能是手工业生产基地。这座城址有石家河文化统治中心的地位和作用。

良渚文化大型聚落群虽然尚未发现城墙遗址，但从其庞大的建筑规模来看，城肯定是有的，其中的大观山果园（又名莫角山）大型高土台遗址就被认为是最高统治集团的统治中心，因为在那儿发现成排的大柱洞、大方木、土坯等遗迹，建筑规模之大非显贵集团的统治中枢莫属。另外，反山、瑶山、汇观山、福泉山等几处遗址，均为人工夯筑的大型土台，既是祭坛又是贵族的墓地，如反山墓地出土有成批的精美玉器，以琮、璧、钺等“礼兵”为主，墓主人高贵的地位是不言而喻的。近年来在卢村以西发现了一处长达4500米的良渚时代的垄状土垣，是否为城墙，尚待进一步证实。

从现在发现的这些大大小小的城址来看，史前古城的平面形状多数不很规则，方形、圆形、椭圆形都有；城的面积也不等，小的有几万平方米，大的数万乃至上百万平方米；城垣夯土砌筑而成，有的城垣并未完全封闭。这些大小城址的出现，证明当时已有无数个政治中心形成，这是氏族部落间征战的产物。

依据《史记》、《黄帝内经》等文献记载，城市乃是黄帝或夏鲧所创建的。但现在看来，目前最早的城址——澧

▲ 城头山遗址的古稻田及城墙上的栅栏

城头山遗址发现迄今中国最早的水稻田和用于灌溉的水沟，发现了大溪文化早期(6000年前）到屈家岭时代四次叠压建造的城墙，城内更有汤家岗、大溪、屈家岭不同文化时期的制陶作坊、古墓葬、房基以及包括水稻在内的上百种植物籽实、麻织物、动物、人骨与毛发及陶、木、石等人工遗物。城头山古城址发现了迄今为止年代最早的古城墙及水稻田，堪称目前中国最早、发现最丰的史前城址。

县城头山城址在距今6000年时已经出现了，比黄帝传说时代还要早1000余年，可见城的产生并非某个圣人所为，而是历史发展的结果。

历史大视界

原始城市从时代上看，最早可以追溯到6000多年前的仰韶文化晚期，大多数属于父系氏族社会的龙山文化时期或相当的时期；从地域上看，主要分布于黄河中下游和长江中上游地区。这些城址大都面积较小，它们的功能因地区不同而各有差异。内蒙古地区的城址以军事防御为主，长江中游则是防御洪水和军事防御并重，黄河中下游地区的城址已具备政治上的功能，较为进步。中国古代文明最早在黄河中下游地区诞生的事实表明，古城址的性质和功能与古代文明的起源有直接的联系。

21. 原始艺术

伏羲氏作瑟，三十六弦，长八尺一寸。

——《帝王世纪》

原始人类在长期的生活生产实践中，在不断丰富物质资料和改善生活的同时，也培植出了质朴的精神文明之花——原始艺术。原始艺术和其他形式的社会意识形态一样，也是现实生活的反映。人类在长期的集体劳动过程中发展了思维、语言和感官能力，手达到了高度完善，有了审美意识和按照自己的预想把某一件物体的形象复制出来的能力，同时产生了表达自己思想感情的要求。艺术正是从这种要求中产生出来的。

原始艺术中发展较早的是人体装饰艺术，原始人的装饰大致可分为三类：一类是涂饰，即在身体上涂颜色和花纹；第二类是固定的装饰，如文身、割痕、耳鼻唇饰；第三类是活动的装饰，如手镯、项链等。最早的人体装饰可用来迷惑猎物，还可用来吸引异性，有人认为这是艺术起源的最初动因。考古挖掘表明，早在旧石器时代晚期，人类已开始制作和佩戴装饰品。最初的饰品十分粗糙，一般都是稍作加工的小件自然物品，如兽牙、鸟骨、鱼骨、石

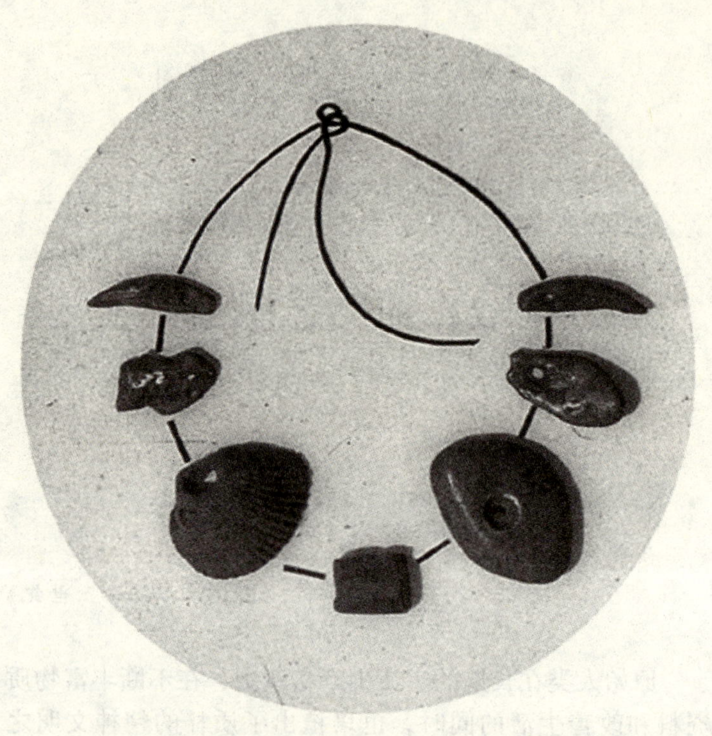

▲ 山顶洞遗址发现的装饰物

块、贝壳、蛋壳等。经过简单修整打磨，基本保留自然形状，穿上一个小孔后，即作坠饰挂在身上。距今18000年前的山顶洞人已学会制作这种装饰品，并把许多涂为红色。考古学家贾兰坡曾因此戏称“这是一群爱打扮的人”。

到了新石器时代，真正的人工饰品出现了。由于使用比较复杂的加工技术，不少以自然物形态存在的饰品纷纷改变了面目。本来并非以美容为目标的装饰品，此时有了更明显的美容目的，饰品本身也制作得越来越精美。

不同的人类群体中流行着风格各异的装饰品。中原地区的仰韶文化和龙山文化居民，不仅有大量骨、石、蚌质的饰品，还有为数不少的陶质饰品，包括珠、环、管、笄等。仰韶文化居民喜爱环状类装饰品，西安半坡遗址出土的环饰占全部饰品的60%以上，其中陶质最多。临潼姜寨的

▲姜寨少女墓出土的随葬品

一座仰韶文化墓葬，墓主为少女，佩戴有骨珠串成的项链，骨珠有8721颗之多。

东部沿海一带的红山、大汶口、龙山、河姆渡、马家浜、崧泽、良渚文化居民也流行佩戴环状饰品，不过材质多为玉石，较少见到骨质与陶质，种类有臂环、手镯、指环等。采用玉石制成的其他饰品还有管、玦、珠、璜、琮、璧、瑗等。他们的造型十分规整且经过抛光处理，晶莹而润滑，显得十分珍贵。红山文化居民的玉饰特点非常突出，出土的鱼、鸟、龟、龙等坠饰，被称为新石器时代饰物中的珍品。

雕刻也是一种古老的艺术形式。山顶洞人制作小件饰物时已开始采用雕刻手法，到了新石器时代，雕刻已成为人类经常采用的艺术手段。在中原地区时代较早的新石器时代遗址，发现了一些雕刻艺术品，多属小型的陶塑，制作比较粗糙，表现的主题是人和动物。到了新石器文化繁荣期，雕刻艺术有了进一步发展，并呈现出明显的地域特点。在黄河中上游地区，以人为表现主体，流行把陶器做成人首状，黄河下游地区则习惯把整个器物塑成动物形状。

新石器时代的象牙雕刻也是一种高雅的艺术。从大汶口出土的透雕象牙梳和象牙雕筒，可以看出当时的艺术水平。象牙雕筒是用整段象牙切削雕镂而成，筒身布满透剔的花瓣纹，十分精美。在长江流域，良渚文化雕磨工艺亦很发达，盛行以玉敛葬，玉璧、玉琮等的制作也

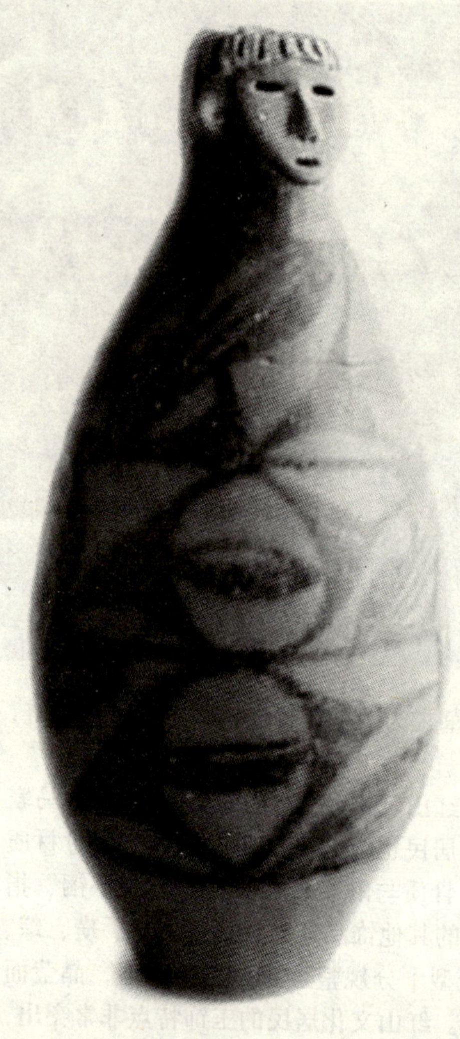

▲ 彩陶人头器口瓶

甘肃秦安大地湾遗址出土，仰韶文化庙底沟类型，高 31.8 厘米，口径 4.5 厘米。瓶的两头细小，中间丰满，平底，用圆雕形的女人头做器口。人面五官端正，双目深邃，鼻子宽阔，嘴微微张开，双耳后面长发披拂，前额有一排齐眉的短发。

▲ 反山墓出土的良渚文化玉琮王

高 8.8 厘米，射径 17.1~17.6 厘米，孔径 4.9 厘米。黄白色，有规则紫红色瑕斑。器形呈扁矮的方柱体，内圆外方，上下端为圆面的射，中有对钻圆孔，俯视如玉璧形。琮体四面中间由约 5 厘米宽的直槽一分为二，由横槽分为四节。这件玉琮形体宽阔硕大，纹饰独特繁缛，为良渚文化玉琮之首。

十分精致。浙江余杭长命乡反山墓地8座良渚墓葬中发现有随葬品1200多件，其中玉器占90%以上，最大的一件玉琮重6.5公斤，堪称“琮王”。当时琮璧是用于祭祀的礼器，墓主人应是权贵。这些雕镂而成的玉器代表了当时原始先民的最高艺术成就。

原始绘画大多发现于洞穴内或岩石上，最常见的题材是日常狩猎的各种野兽。这些绘画不仅刻画出动物的静止状态，也表现出动物的动态，神态逼真，反映出作者对动物的形态和习性十分熟悉。绘画风格也经历了由简到繁的过程，从较早的单色画发展为具有明暗色调的单色画和彩画，如江苏连云港市郊将军岩发现的一处岩画，刻在平整

▲ 山西朔州峙峪旧石器时代晚期遗址出土的兽骨片

距今3万年左右，上面刻有猎人、羚羊、飞鸟等的图像，为已知最早的绘画遗迹。

光亮的黑色岩石上，内容为人面像、农作物、兽面纹及各种图像符号，画法简练、古朴。

我国新石器时代早期遗址出土的陶器多素纹，或者有少数绳纹，如甑皮岩、仙人洞的遗址，裴李岗文化、新乐文化、查海文化、河姆渡文化也都是这种情况。但到了仰韶文化时期，陶器上的装饰画变得空前丰富起来。这些装饰画多以红衣或白衣做衬底，用黑、白单色绘图，内容有编织纹、植物纹、动物纹、几何纹、人物、工具、日月等各类形象，大都绘在陶器的口沿、肩部、腹部或内壁上。这些绘画黑白分明、色彩鲜艳、线条流畅、技术纯熟、比例适当，具有严谨、规整、自然和实用的特点。有些装饰画如人面鱼纹、蛙纹、鹿纹、龟纹、人物，以及龙山文化漆盘上的龙图案等，还含有一定的宗教意义。

在各种原始艺术形式中，音乐和舞蹈也是起源相当早的艺术形式之一。在没有乐器的时代，人们常通过自身的

▲ 江西省万年县仙人洞遗址出土的圜底绳纹陶罐

此罐为炊器，残高 18 厘米。仙人洞遗址，是旧石器时代向新石器时代过渡时期的遗址，时间为公元前 12000 年~公元前 9000 年。

拍打和呼号来制造音乐，有时也借助于一些生产工具和生活用具来敲打，久而久之，原始的打击乐就产生了。鼓是为了制造打击乐而被最先发明出来的。新石器时代的陶鼓多烧制为筒形，再蒙以兽皮。石块也是可用来打击的乐器，大块的石片能敲出清脆的乐声。山西襄汾陶寺文化遗址出土有一大型石片，背钻一孔，可悬挂起来敲击，这就是商周时代贵族

▲ 平行带纹彩陶鼓

此鼓为半山类型，高 27 厘米，面部口径 21 厘米，柄部口径 8 厘米。鼓作为一种打击乐器出现于新石器时代，主要有土鼓和木鼓两大类，土鼓即陶鼓。无论是陶鼓还是木鼓，都是用兽皮为鼓面。

阶层流行的打击乐石磬的原型，不同的是后世的石磬形制更加规整，外表也打磨得十分光滑了。新石器时代的敲击乐器除鼓、磬外，还有钟和铃，在龙山文化的一些遗址中出土过陶钟和铜铃，但数量不多。

▲ 陶寺文化遗址出土的石磬

吹奏乐器在新石器时代也已出现，主要有哨、笛、埙、号等。在浙江余姚河姆渡遗址和江苏吴江梅堰遗址都发现了用动物肢骨制成的骨笛，数量超过了100件。在河南舞阳县贾湖裴李岗文化遗址的一座墓葬中，一次就出土骨笛16件，年代可上溯到7500年前，这些骨笛大多钻有七孔，已具七声音阶结构，发音准确，能奏出优美的旋律。

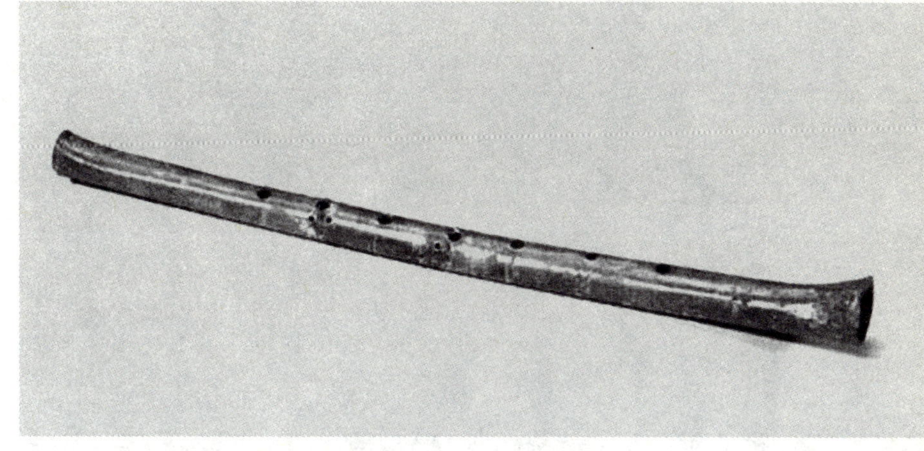

▲ 贾湖遗址出土的七孔骨笛

从骨笛的出现可以推定当时的舞蹈必定进入了比较高的层次，因为我国古代歌、舞、乐是密不可分的。在原始群体的劳动中，音乐主要是节奏，舞蹈是有节奏的形体动作，乐器则是劳动工具的改变、变形。伴随着骨笛的群舞，比之单纯的、有节奏的形体动作，以及反映狩猎活动的“击石拊石”、“百兽率舞”的群舞更为进步。

埙可吹出两个乐音，双音孔埙至少可吹出4个乐音，仰韶文化时人类已经熟练掌握了四声音阶。吹乐中的号角，制作也不复杂，在现成的牛羊角尖上钻上孔即成。考古发掘中尚未发现这种牛羊角质的号角，但形如弯弯牛角的陶号却屡见不鲜，如在山东莒县陵阳河遗址出土的一件陶号，不仅形似牛角，且能吹出浑厚的号声。

舞蹈作为人类表达思想感情的表演艺术形式，特点是通过手足的动作来表现感情。《诗经·大序》：“言之不足，故

▲ 原始舞蹈岩画

嗟叹之；嗟叹不足，故咏歌之；咏歌之不足，不知手之舞之，足之蹈之也。”《礼记·乐记》：“诗，言其志也；歌，咏其声也；舞，动其容也。”这些记叙生动揭示了舞蹈的起源、性质和特点。

关于舞蹈的起源，《山海经》中有“帝俊有子八人，是始为歌舞”的记载。帝俊是黄帝的后裔，故一般认为舞蹈始于父权制确立之后。但考古资料显示，早在旧石器时代晚期就已有舞蹈形象。史学界认为，劳动生产中的狩猎活动和庆祝农业丰收促成了舞蹈的产生，原始宗教活动也对舞蹈的发展有着重要影响。

历史大视界

岩画是指刻划在岩穴、石崖壁面及独立岩石上的彩画、线刻、浮雕等的总称。全世界范围内都有岩画的发现。法国拉斯科洞穴的岩画尺幅巨大、线条粗健，动物形象栩栩如生。法国的方哥默、尼奥、诺克斯、佩什·梅勒，西班牙的阿尔塔米拉等都是重要的原始岩画遗址。撒哈拉沙漠中部的岩画，是非洲最古老的绘画，所绘题材多为象和水牛。

据统计，世界上已有五大洲77个国家144个地区发现了岩画。中国自20世纪50年代以来，岩画也开始有大量的发现。中国的东北、内蒙古、新疆、甘肃、宁夏、四川、云南、广西、江苏、福建、珠海以及港、澳、台都有岩画的发现，几乎覆盖了整个中国的边疆地区。

22. 原始宗教

古者庖牺氏（即伏羲氏）之王天下也，仰则观象于天，俯则观法于地，观鸟兽之文与地之宜，近取诸身，远取诸物，于是始作八卦。

——《周易·系辞》

原始社会时期，人类对自身和自然界的认识十分幼稚，慢慢在意识中形成了一种观念，相信在现实世界之外还存在着超自然、超人间的神秘境界和力量，它支配着自然界和人类的命运。原始人对它表示敬畏和崇拜，这就是最早的宗教。

原始宗教产生、存在的根源在于原始人类极度贫困和愚昧，起源于人类求生的欲望。在史前时代，几乎所有的人都是宗教信仰者。他们认为那些不能解释的自然力，就是神在起作用。在对神的崇拜过程中，高山川泽、日月星辰等都披上了神的色彩，这就是最原始的宗教形式——自然崇拜。此外，原始人类还有祖先崇拜、死人崇拜、巨石崇拜、动物崇拜、性器官崇拜等宗教观念。

人类最早的祖先崇拜是从女性开始的，父权制确立后，普遍供奉男性祖先。齐家文化、龙山文化等父系氏族遗址中均发现有陶祖、石祖等象征男性生殖器的模型，乐都柳湾出土的人形裸体彩陶壶，都是这一崇拜的体现。

▲ 裸体人形浮雕彩陶壶

青海省乐都柳湾出土，中国历史博物馆藏。盛水器，为男女两性的复合体。在陶器上表现人体，可能出于一种对生殖的崇拜心理，采用这种装饰与人类繁衍生殖的观念有关，腹部隆鼓的陶容器（如壶），则是储种丰产的象征。这种以生殖为主题的图案，在氏族社会很常见，可知当时增加氏族人口是重要大事。

原始巫术是与原始宗教相伴随的宗教行为，这种行为以谋求控制自然力、沟通鬼神为目的，多采用比拟或模仿等按照自己的愿望所设置的形式。如要天下雨，就用口含水，喷向四方，作出霖雨的象征。这种专门从事巫术活动的人物就是巫师。他们利用巫术活动，把自己打扮成神的化身，或者是介于人与神之间的代表，人与神之间的联系似乎只有他才能沟通。随着时间的推移，巫师就掌握了沟通人与神之间联系的至高权力，成为高踞于氏族成员之上的特权人物。占卜是其中的另一种形式。原始人相信万物有灵，其他事物经常威胁人类的生活。为了免遭不测，往往在行动前通过占卜这种宗教形式试探鬼神的态度。最早的占卜工具是石头、木棍、草叶等，后来发

▲ 大溪文化黑玉神面

面部作正视，饰圆圈形双目，直鼻梁，无耳。远古人认为万物均有精灵（神灵），其威力无比，既可赐福也可以降灾于人类，为了获吉避凶，人必须得到精灵的保佑，必须向他奉献玉和猎物、用歌舞侍候。

展为通过灼烧羊、猪等的肩胛骨，并根据上面裂纹的多少及方向来判断吉凶。我国云南景颇族人和台湾高山族人多用竹卜，但方法各异。景颇族人的竹卜，是把竹子拿到火上烧烤，然后看烧过的竹子上竹丝翘的单、双数来定吉凶。高山族人的竹卜，有两种方法：一种是把竹节拿到火上烧烤，然后看竹节加热后所发生的爆裂痕迹来判断、占问事情的吉凶。另一种方法是拿一节小竹，在中间凿一个三角洞，然后把竹子折断，根据竹子断口的丝纹状况来判断吉凶。彝族人采用木卜，占卜时拿一根木条，一边口念占卜的事情，一边在木条上刻缺口，语毕以双手分别挟木刻中央，然后数左、中、右的缺口数目，以双数为吉兆，单数为凶兆。石卜的占卜方法很多，黎族人就采用此法。有的石卜是把两块石片抛掷于地上，然后根据石片落地的位置

▲ 大城墩遗址出土的占卜用的卜骨

大城墩为新石器时代至商周时期的聚落遗址，距今已有6000多年历史，文化内涵极其丰富，包含有相当于仰韶、龙山、二里头时期以及商代、西周等若干时期的文化。

和正反面来判断吉凶。

骨卜是把动物的骨骼用火进行灼烧，使之受热后在骨质表面产生裂纹，这种裂纹就被认为是占卜的征兆，然后以此征兆判断卜问事情的吉凶。新石器时代晚期的文化遗址中，发现有不少卜骨，其中山东、河南、陕西龙山文化遗址和甘肃的齐家文化遗址中卜骨发现得最多。这些卜骨大多经过整治修理，上面存有很多灼痕，每一个灼痕背面都有裂纹的痕迹。由此证明，占卜迷信活动在原始社会末期已经相当流行。这些占卜活动后来又逐渐演变为各种宗教仪式。

早在母系氏族社会时期，有的墓葬习俗就反映了当时

▲ 西安半坡遗址瓮棺群

半坡小孩实行瓮棺葬，小孩死后，大人先在房屋附近的地上挖个坑，坑里放个大陶瓮或罐，把小孩尸体放在里面，上面再盖个陶钵或陶盆，并在中间钻个小孔，作为供死者的灵魂进出的通道。

人们的宗教活动或宗教意识。如中原仰韶文化时期盛行单人仰身直肢葬和迁移合葬，尸体的头部多数朝向西方。马家窑文化墓葬中的死者头部多朝向东方。死者的头部方位保持一致，表明人们幻想死后灵魂可返回老家或都能到同一个地方去。有的还在尸体周围散布其生前用过的生产工具、生活用具和装饰品等，有的器皿中还盛有食物，这说明埋葬者相信人死后灵魂不灭。

进入父系氏族社会后，宗教活动大肆盛行，宗教观念也愈加复杂。掌管并从事宗教活动的巫师、神汉等，开始脱离社会生产劳动，成为受人尊敬的祭司阶层而独立出来。祭司阶层的出现是一件大事。在传说时代，有一个帝王颛顼（zhuān xū）氏，受命于天，进行宗教改革。《周语·楚语下》："颛顼受之，乃命南正重，司天以属神；命火正黎，司地以属民，使复旧常，无相侵渎，是谓绝地天通。"通过这项改革，祭司阶层开始得到王权的承认，变为王权的附庸，并在氏族社会向阶级社会的过渡中成为新兴奴隶

▲ 在半坡遗址里，发现有陪葬的人和器皿，说明当时的人认为死后还有另一个世界。

主阶级在宗教上的代言人。人们相信，他们是沟通人与神之间的使者，通过他们可以得到神灵的保佑，还能丰衣足食、驱鬼治病。在他们的召唤下，人们开始建造各种供宗教活动用的大型场所。

甘肃秦安大地湾专用宗教殿堂在当时是较有代表性的建筑。该建筑由前堂后室及东西两个厢房构成。前堂的建筑最为讲究，宽16米，进深8米，面积近130平方米，正门朝南，有门垛；左右有两个对称的侧门，在东西墙上还各开有一个门以通向东西厢房。从正门进去，迎面有一个大火塘，直径超过2.5米，残高约0.5米，这显然不是供炊事之用，可以肯定是燃烧宗教圣火的处所。火塘后面有两根相

▲ 辽宁牛河梁祭祀遗址出土的5000年前红山文化女神庙、祭坛和积石冢群址中的泥塑女神头像

该头像保存比较完整，相当于真人头大小，面敷红彩，眼嵌青色玉片。祭坛是巫术和原始宗教活动的场所，而女神则主管祭祀，我国古代称之为“女巫”，是沟通人神的桥梁，其手段则是舞蹈。女神的塑像说明当时妇女还享有比较受尊敬的地位，也说明宗教信仰从自然中挣脱，进入到对先祖和神灵的崇拜。

对称的顶梁柱，柱直径约90厘米，南北墙壁上各有8根扶墙柱，柱直径有40～50厘米。地面、火塘表面、柱子、墙壁、房顶，都抹上用料姜石烧成的灰浆，显得十分洁净明亮。房子前面有一个约130平方米的地坪，有两排柱洞，每排6个，柱洞前有一排青石板，也是6个，西边还有露天火塘，显然也是点圣火所用。房内出土有四足鼎、平底釜、畚箕形陶器，当是宗教祭祀用的器具。

▲ 大地湾宫殿遗址

这一原始殿堂式建筑充分显示了遗址所在地当时农业文明的发达程度。

在这一遗址的另一所大房子与其有着相同的建筑结构，只不过规模略小些，这个房子的地面和墙壁也抹有灰浆，显得非常圣洁。值得注意的是，在火塘后面的地面上画了一幅颇大的宗教画，像是两个人在一个方形台子旁边跳舞；两人都是双腿交叉，左手摸头，右手持棍棒。台子上放着两个牺牲，其内容可能是描绘杀牲献祭的仪式，也可能是祈求狩猎成功的巫术画。如此神圣的地面可判断出这里也是一所宗教性建筑。

人类学家认为，宗教发展的历史和人类文明的进程是同步的，它存在的意义不能低估。特别是在人类的童年时

▲ 大地湾遗址的地画

这幅宗教画也是中国最早的地画。

代，早期的各种文化形式都与宗教有着不可分割的联系，无论是生活、生产方面的物质文化，还是语言、艺术方面的精神文化，都有依附于宗教的内容。有学者说，“宗教就是与超自然力量有关的信仰、态度和行为，而不管这超自然力量是什么——是神灵，是祖先，还是上帝，宗教产生的根源在于人们对自然现象不能理解，也在于对人类社会感到险恶莫测。宗教便是人们以虚幻的形式来解释和控制这些他们不能控制领域的尝试。”

历史大视界

根据现在所知的考古资料，宗教大约是在旧石器时代中期萌芽的。这一时期，出现了埋葬死人的风俗。旧石器时代中期尼安德特人的岩棚遗址、洞穴遗址内，如法国的圣沙贝尔、莫斯特、拉·费拉西，巴勒斯坦的厄斯·斯虎尔，乌兹别克的切舍克·塔什，都发现了最古的墓葬，他们把一些动物、小饰物、工具与死者一起埋葬。法国拉沙佩勒-欧赛恩茨遗址的墓葬中，在一具尼安德特人骨骼的胸膛上放置着野牛的腿骨，周围放着许多兽骨和燧石工具。莫斯特遗址内埋葬的一个尼安德特人头部枕在一堆燧石片上，手边放着手斧，周围是野牛骨。这表明，在旧石器时代中期，原始人已产生一种虚幻的灵魂观念和朦胧的信仰，认为人死后灵魂似乎还活着，还需要食物、工具和其他物品。

23. 原始科学

(孟春三月)天气下降，地气上腾，天地和同，草木萌动。王命布农事，命田舍东郊，皆修封疆，审端经术，善相丘陵。阪险原隰，土地所宜，五谷所殖，以教导民，必躬亲之。田事既饬，先定准直，农乃不惑。

——《礼记·月令》

原始人类在长期的社会实践和物质生产过程中，逐步熟悉了自己身边的生活环境以及周围的自然界，并认识到了某些自然现象。例如，在狩猎和农业劳动过程中，他们总结出了天气的寒暑交替和动植物的生长、出没规律，并掌握了其相互依存的特点。这种基于社会实践和物质生产的需要而产生的自然知识即是原始科学。其中最先萌芽的是天文学、医药学、简单数学、物理学和化学等基础科学知识。

农业生产是季节性很强的生产活动，要使劳动不成为无效劳动，就要按季节变化适时播种和收获。人们在长期的狩猎、采集和农业生产过程中，为了能在不同季节取得所需要的生活资料，初步掌握了最基础的天文历法知识，如太阳的东升西落、月亮的或圆或缺等等。

▲ 江苏连云港将军崖岩画《稷神崇拜图》（局部）

该岩画中刻有人面、兽面、农作物、太阳、星云等图像以及一些抽象的符号，风格简率、生动，其内容可能与祈求丰收和祭天的宗教观念有关。此图把植物人格化，由禾、田、人组成，正是稷神的形象化，表现了新石器时代人类的自然崇拜现象。

在郑州大河村出土的原始社会晚期的陶器上，发现了太阳纹、月亮纹、日晕纹和星座图等与天文历法关系密切的天象资料，其中太阳纹由圆圈和四周的长短射线组成。连云港将军崖的岩画，其中有一组主要画的是日、月和其他星象，而太阳的形象与大河村的太阳纹一样，也有很多射线。在大河村的一件复原陶钵肩部，还有12个太阳的图案，可能是象征一年中的12个月。上述事实在一定程度上说明天文知识最迟到原始社会晚期就已经出现了。

原始人类在初步掌握了一些天文、历法等基础知识外，也在与疾病、伤痛搏斗的过程中发明了一些健身的方法。《吕氏春秋·古乐篇》载：“昔陶唐（指尧）之时，阴多滞伏而堪积，水道壅寒，不行其原，民气郁阏而滞着，筋骨瑟缩不达，故作舞以宣导之。”这类说法，反映出当时气候阴郁潮湿，人们多患关节炎等风湿性疾病的实情。为了抵御病痛，人们创造出了健身舞蹈，以增强体质。他们从实践中创造的这种预防、治疗方法，符合今天的医学原理，是体育疗法的鼻祖。在原始文化遗址中，还发现一些住室的墙壁和地面经过了特殊加工。以仰韶文化为例，这一时期的房屋地面和墙壁多用火烘烤过，有的已经半陶化。河姆渡文化的居室内，往往用木板或蛤蜊壳铺在地面。这种处理，不单纯是为了加固，更重要的是为了减轻室内的湿度，以防止因席地坐卧受风寒潮湿而患关节炎和风湿病。如今，我国某些少数民族还保留有野外露宿时花不少时间烘烤腹背再入睡的习惯，这都是最基础的预防风湿病的措施。

▲ 神农尝百草图

在预防治病的同时，原始人类也学会了运用药物来治疗疾病。因为在相当长的一段时间内，人们以采集各类果实、茎叶、根块和籽粒为生，这些植物为他们发明药物提供了实践条件。最初，人们由于没有经验，不能辨别有无毒素，往往饥不择食，吞食一些有毒植物，引起肠鸣、腹泻、呕吐、昏迷，甚至造成死亡。后来发现，出现疾病时，再吞食另一类植物便可痊愈。这些现象引起了人们的关注，进而通过不间断的尝试，终于认识到了某些植物的特殊功效。如有的植物对人体有益；有的可治疗某些疾病；有的植物虽然有毒，但如果食用适量，加工得法，也能转害为益，具有治疗某些疾病的效果。古代神农氏“遍尝百草，一日而遇七十毒”的传说，不但描述了农业发明过程，也从侧面反映了我国医学起源的历史。

▲ 仰韶文化彩陶盆

泥质红陶，高16.4厘米，口径37.4厘米。盆折沿，深直腹，圜底。口沿及外腹部均以黑彩描绘纹饰，口沿上描绘以点定位的水波纹，腹部描绘两层三角形几何纹，两层纹饰中三角形的大小及形状相同，但方向相反。这种三角形纹饰可能是由鱼纹逐渐抽象演变而来。造型和纹饰具有新石器时代仰韶文化半坡类型的明显特征。

数学知识和其他科学知识一样，也是从人类的需要中产生的。《路史》卷一有“隶首作数”的记载。原始人类为了统计狩猎成果，必然要计算数字。仰韶文化中的陶器上有三角、四角和八角等形状，也应该是在能运用数字的基础上绘

▲ 山东泰安大汶口遗址出土的新石器时代晚期八角星纹彩陶豆

此豆口沿上用褐、红彩绘对顶三角形与若干线条相间组成的图案，腹部用白彩在深红色陶衣上绘有5个方形八角星状纹饰，纹饰构图对称。豆为盛食器，也是祭祀用的礼器。有人认为这类纹饰是用来表现光芒四射的太阳，四射的八角也寓意着无际的天空，中间的方形象征着大地，取天圆地方之意，表现出人们对世界的认识和天地自然的敬仰。

制的。在半坡彩陶盆口沿上，都有四方位和八方位的标志，说明当时记录方位也应用了数字。此外，在屈家岭文化遗址中出土了不少球状陶器，陶器上绘有各种图案，有的是划一线，将球体分为两半；有的以等腰三角形划分球体，可见当时人类也掌握了不少三角知识。

在数字知识的基础上，其他科学知识也被陆续应用到实践中。摩擦生热的应用，主要表现在钻木取火的发明上。钻木取火是通过钻头急速旋转的动能转化为热能而产生的火花加以引燃，从而达到取火的目的。重心原理在远古人们的实际生活中，也是早就被接触到的。最

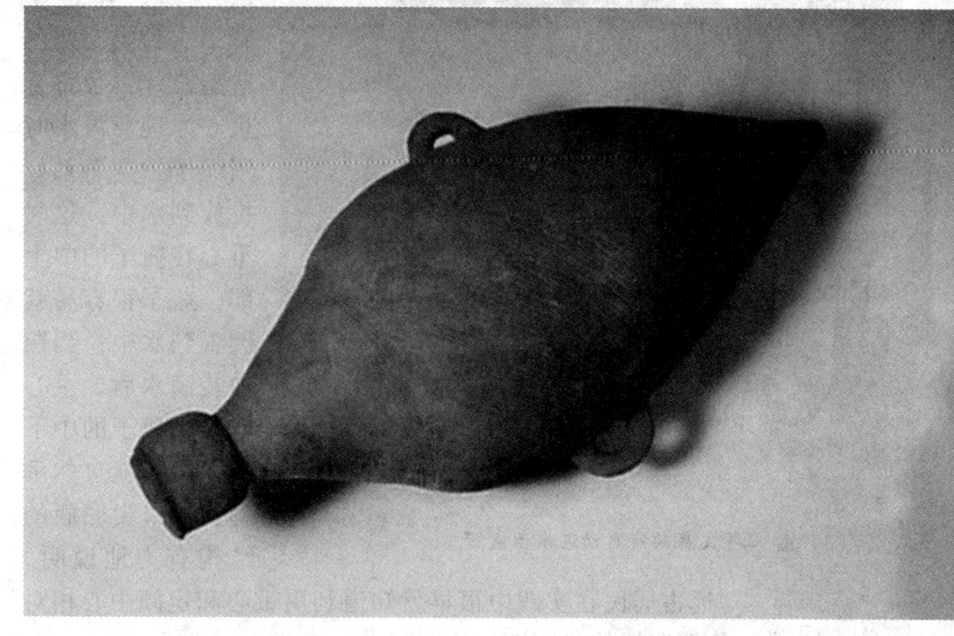

▲ 红陶小口双耳尖底瓶

新石器时代仰韶文体半坡类型，高54厘米，口径5.3厘米，陕西省临潼姜寨出土，中国历史博物馆藏。

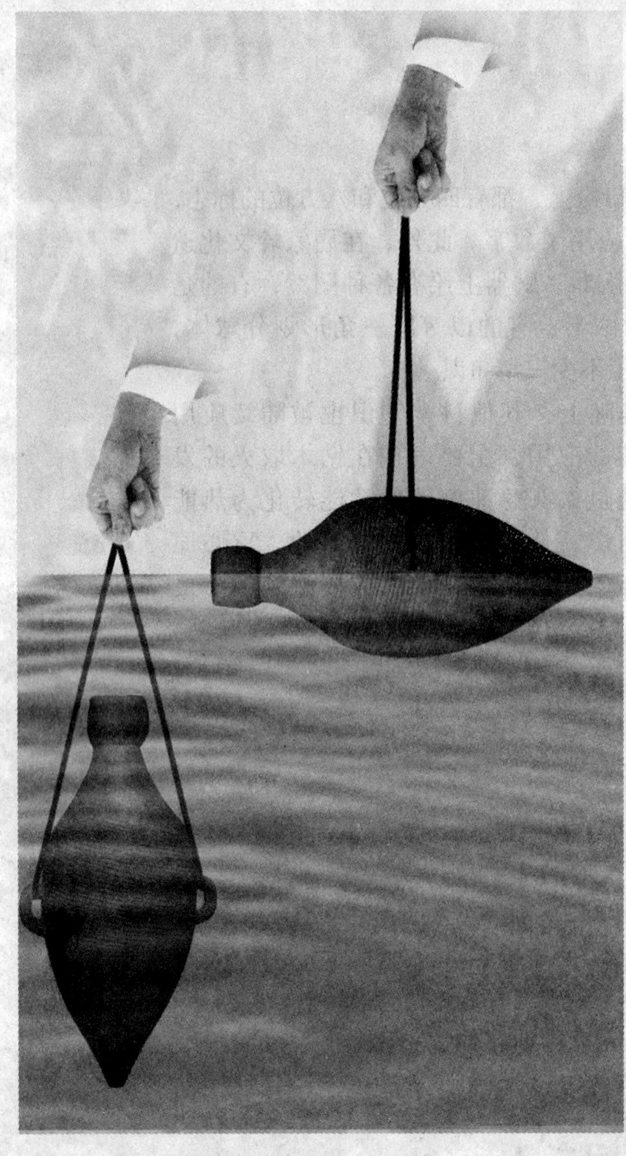

▲ 双耳尖底陶瓶自动汲水示意图

能反映我国原始社会人们对重心原理认识水平的实例，是仰韶文化遗址出土的尖底瓶。这种尖底瓶的形状是口小、底尖、短颈、粗腹，腹中部附有相称的一对系绳用的环耳，是一种汲水工具。经过实验，这种尖底瓶的造型设计，很符合重心原理。汲水时用绳子把空瓶系好投放到水中，这时重心在瓶子的中上部，瓶子很容易就倒置到水中；当瓶内装满水后，重心就移到瓶子的中下部，瓶子就自然垂直。小口尖底瓶的结构有力地说明，“远古居民在实践中很早就知道利用重心和定倾中心相对位置跟浮体稳定性的关系”。

轮轴的原理应用较晚，突出表现在仰韶文化晚期开始出现轮制陶器的陶轮上。制陶的陶轮，大致是由轮盘和轮轴组成的。制陶时，把揉合的陶土放置到轮盘上，以手推动轮盘旋转，人们借助陶轮急速旋转形成的离心力，用双手把放置在轮盘上的陶土，塑成所需的器形。陶轮的发明，是我国利用轮轴原理的实例，也为机械学奠定了基础。

我国原始先民对于化学方面的知识的应用，也有许多实例，如制陶、酿酒、石灰的使用和金属冶炼等。陶器是陶土经一定的高温处理以后，改变了原来的分子结构而形成的一种新的质地坚硬、渗水性弱的固体物质，其物质分子结构的变化，就是由于化学作用而引起的。酿酒是以野生植物的果实或块根，或者以粮食为原料，经过发酵处理，使原来的物质发生变化，从而变成酒。物质发生变化的过程，就是化学作用的过程。我国龙山文化遗址中，大量出现了酒器，说明当时酿酒的化学知识已普遍为人们所掌握。石

▲ 山东龙山文化酒器——蛋壳黑陶高柄杯

山东日照东海峪遗址出土，轮制，工艺精湛，空前绝后，代表了龙山文化高度发达的制陶技术。此杯上部为宽口沿的杯身；中部为柄，柄两端细，中间圆鼓中空，有透雕，好像一个含苞待放的花蕾，其内放置一粒陶丸，将杯子拿在手中晃动时，陶丸碰撞笼壁会发出轻脆的响声，杯子站立时陶丸落定，能够起到稳定重心的作用，设计十分巧妙。

灰的使用在龙山文化时期出现，当时的房基地面普遍发现涂抹有一层或数层白灰面。经过鉴定，这种白灰就是用石灰岩经过高温烧制而成的石灰。另外，在姜寨遗址出土的1万多件遗物中，最珍贵的是一块铜片。经化验得知，其中铜占65%，锌占25%，其余为少量的锡、铅、硫、铁等，属于铜锌合金、杂质较多的黄铜。由这件遗物可知，我国的冶金史可提早到6000年以前。

历史大视界

在长期的劳动实践中，原始人类用思维、语言及其他在集体生活中交流思想的方法，积累起经验，发展自己的推理能力，产生抽象概念，对自然界的某些因果联系有了初步了解，逐渐扩大了知识领域。原始人的知识完全受生产力发展水平的制约，有很大的局限性，但文明时代的科学知识正是从这里开始萌芽的。

原始人的数学知识比较落后，最初并没有抽象计数的观念，只知“多”和“少”，以后慢慢学会了用具体物件作为计数工具，最后就形成了抽象的数的概念。一般说，计数和数学概念尚处于萌芽状态。

24. 原始社会组织

大道之行也，天下为公，选贤与能，讲信修睦，故人不独亲其亲，不独子其子，使老有所终，壮有所用，幼有所长，矜寡孤独废疾皆有所养，男有分，女有归。货恶其弃于地也，不必藏于己；力恶其不出于身也，不必为己。是故谋闭而不兴，盗窃乱贼而不作，故外户而不闭，是谓大同。

——《礼记·礼运》

原始社会组织是原始人类有别于动物界的一大社会标志。当时的社会组织先后经历了原始群、血缘公社和氏族公社，氏族公社又分为母系氏族公社和父系氏族公社两个阶段。氏族之间互相结盟形成部落，后来又出现了部落联盟。至于家庭的出现，则发端于母系氏族社会末期，兴盛于父权制时代。

原始群作为人类最早的社会组织形式，使得人类在从猿向人的进化过程中免遭灭亡的噩运。恩格斯说：“最初的人们大概是过着原始群的生活和在我们视线所能深入去的遥远世纪，我们便发现事实的确是这样。”当时，人类正处在自己的童年时代，由于生产力水平极其落后，个人是无法生存的，必须结合为群体才能生活。《吕氏春秋·恃后览》：“凡人之性，爪牙不足以自守卫，肌肤不足以捍寒暑，筋骨不足

▲ 北京人的生活想象图

以从利辟害，勇敢不足以却猛禁悍。然且尤裁万物、制禽兽、服狡虫，寒暑燥湿不能害，不惟先有其备而以群聚耶？群之可聚也相与利之也，利之出于群也。”其中所谓的“群”，即原始群。这种组织内部十分松散，人数也不多，只有母系血缘起一定作用。他们住在一定地域，集体采集、狩猎，共劳共食，相依为命，有一定的分节语言。

原始群早期阶段，两性关系杂乱无章，所谓“男女杂游，不媒不娉”，便是对当时人类社会生活状态的描述和追忆。这是人类脱离动物状态之后所必然经历的发展阶段。

血缘公社是原始人群不断分化后又结成的另一种社会组织形式。它排除了杂乱的性交关系，使婚配仅限于同辈分的群体之间，这是人类婚姻史上的一大进步。我国的云南元谋人、陕西蓝田人、湖北郧县人和郧西人、河南南召人、安徽和县人都大致处于这一时期，他们的典型代表是北京人和他们创造的文化。北京人过着季节性的定居生活，他们靠采集和狩猎维系生活，男女之间也有了简单的分工和不同年龄的分工。

▲姜寨新石器时代聚落遗址复原图

进入母系氏族社会后，其社会组织形式日益完善起来。一个母系氏族，通常包括几个女儿氏族，组成母系大家族，若干大家族结成胞族，若干胞族又结合为部落。所以，母系氏族公社都是由一个始祖母所生的若干代最近的亲属组成的，他们以血缘为纽带，牢固地联结在一起，形成血肉相连、生死与共的关系。以农业为主的综合经济是他们赖以生存的物质基础，而氏族公社就是他们赖以发展的社会组织形式。他们沿河流湖泊建立农田，并在此基础上组成村落。他们长期定居在那里，村落越来越大。临潼姜寨和西安半坡遗址是其典型代表。

半坡村落与姜寨村落有十分相似的布局，都是一条深宽各五六米的大壕沟把村落与外界隔开，然后再有两条小围沟穿插于各个氏族家庭成员之间，作为区分不同氏族或同一氏族不同家族之间的界线。村落中的大房子是供氏族成员公共活动所用，中小房屋则是成年男女族外婚、对偶婚家庭日常生活之处。在这种社会组织形式下，没有凌驾于氏族成员之上的暴力机构，重要事件由氏族民主集会决

▲ 半坡村落遗址模型图

半坡村落分居住区、窑场、墓地三部分，中心是居住区，面积约 3 万平方米，分布有密集的房基、窖穴和畜栏等建筑物。围绕着居住区还有一条深宽各约 5~6 米的大围沟，围沟外遗址的北部是埋葬死者的墓地，东边则为陶窑场。在居住区挖出的房基也有一定的分布规律，中心为一座半地穴式结构的大型房子，面积有 100 多平方米。在大房子周围分布着几十座中小型房子，每座房子的面积为十几或二十几平方米。

定，人人平等，和睦相处，充分体现了民主的精神。

父系氏族社会时期，人们依然生活在以集体公有制为基础的原始共产制度下，血缘关系仍是维系氏族组织和成员的基础。一个父系氏族公社包含若干个父系氏族大家庭，其主要成员是由同一男性所生的几代人及其个体家庭组成。父系大家族是氏族的基本单位，而个体家庭则是它的一个细胞。个体家庭由于在经济上尚未完全独立，所以还隶属于父系大家庭之中。随着私有制的产生，几个氏族公社因各种利益关系组合成部落，后来又发展为部落联盟。父系大家族、氏族、部落、部落联盟各有自己的首领，传说中的炎帝和黄帝以及唐尧、虞舜、夏禹都是当时著名的部落联盟首领。在父权家长制的影响下，这些首领都拥有对家族成员的统治和奴役权，而且还可役使收养的外族成员和奴隶。父系家长控制下的家庭，以缩影的形式包含了后来阶级社会才有的对立和矛盾，这种社会组织即是我国最早的宗法家长制。

历史大视界

关于最早的人类社会，没有任何直接的证据可以说明，只能通过间接的材料进行推测。一些学者认为杂交的原始群是人类最早的组织形式，另一些学者则认为是血缘家族。血缘家族这种社会组织形式是19世纪美国学者摩尔根根据夏威夷人的亲属称谓提出的设想，在考古材料中尚得不到实际的例证。所以，有的学者不同意摩尔根的推论。

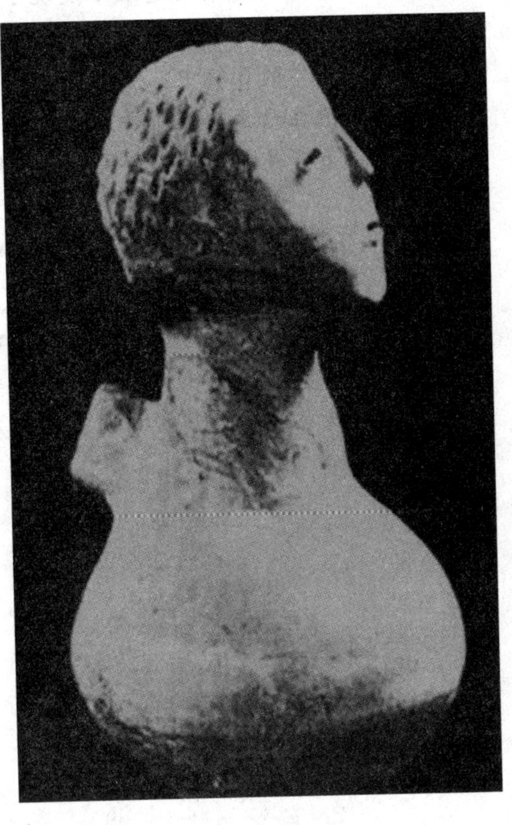

▲ 陕西省洛南县出土的彩陶人头壶

仰韶文化半坡类型，高23厘米，底径6.3厘米。泥质红陶，为人头葫芦身形，平底，壶背有口，可盛水，既是生活实用器皿，又是人头像陶塑艺术品。人面为少女形象，仰头浅笑，樱唇微启，似在轻轻哼唱着歌曲，神态安详，刻画手法细腻传神，甚为感人。

真正有考古材料作为证据的原始社会组织是母系氏族社会。在旧石器时代晚期的一些遗址中发现有占地几十或几百平方米的居住遗址，这些遗址和民族学资料中母系氏族的集体住所，特别是易洛魁人的长房十分相似，由此可以推想，旧石器时代晚期也存在着易洛魁人那样的氏族组织，这种组织必然是母系的。第一，旧石器时代的社会发展水平很低，又实行群婚，人们只知其母，不知其父，所以血亲的系统只能按母系计算。第二，旧石器时代晚期的遗址中发现了许多妇女小雕像，说明女性在社会生活和社会观念中占有特别重要的地位。第三，在民族学的资料中，绝大多数父系氏族保留着母系氏族的遗址，但在母系氏族中却从未发现过父系氏族的遗迹，这说明母系氏族的产生必然早于父系氏族。

母系氏族是一个坚固的血族集团，是在人类生产获得初步发展，能维持稳定型群体生活并产生族内近亲通婚禁忌的基础上形成的。其成员不可能在氏族内部找到通婚的对象，他们必须和另一个氏族的成员通婚。因此，母系氏族出现的时候，族外的群婚也产生了。人们通过这种方式使各个原始集团之间发生一定的联系。互通婚姻的氏族就组成了早期的部落。

25. 从氏族到部落

族者，凑也，聚也，谓恩爱想流凑也。上凑高祖下至玄孙，一家有吉，百家聚之，合而为亲。生相亲爱，死相哀通，有会聚之道，故谓之族。

——《白虎通·宗族篇》

氏族是一种古老的社会组织，是原始社会组织结构的基本细胞单位。关于氏族的定义，马克思根据摩尔根的学说归纳为："氏族是出自于一个共同的祖先，具有同一氏族名称并以血统关系相结合的血缘亲族的总和。"根据这个定义，氏族的标志有两个：第一，氏族是以一个祖先的血统关系相结合的共同体，维系氏族的纽带，是血缘亲属关系；第二，氏族有它的名称、标志。

氏族的名称是一个氏族的标志，这种名称标志因时因地而有所不同。一般来说，氏族的名称最初是以动物的名称来命名，后来发展为以地方名称或以某人的名字来命名。如黄帝又称有熊氏，这表明黄帝氏族部落是由有熊氏族发展而来的。我国氏族社会时期的氏族组织，如有巢氏、燧人氏、庖（伏）牺氏、神农氏等等，则是后人根据当时的时代特征或以某一种原始科学技术的发明分行业而定名的。

氏族名称的更替，与氏族的发展变革有关。以动物名称作氏族名称，一般在氏族组织刚产生的初期，氏族内部的世系依母系计算时比较普遍地存在。当氏族组织发生变革，氏族内部的世系由母系转变为按父系计算时，氏族的名称就不再以动物的名称为名称了，而代之以地名或个人的名字来命名。在父系氏族之上，还有两种社会组织，即胞族和部落。胞族最初也是氏族，即老氏族，它通常是由几个带有血缘关系的父系氏族组成，是介于氏族和部落之间的组织。胞族之间互通婚姻，彼此往来，尤其在血亲复仇上互相支持。久而久之，由于氏族人口不断增加，胞族数量也随之加大，于是一些胞族又互相联合，形成了更大的社会组织——部落。

部落由若干个父系氏族组成，每个部落有自己的名称和活动领地，部落内部的各氏族酋长组成部落的管理机构，推选能力强、威信高的人为部落首领。部落首领平日处理部落事务，战时率众出征。此时的战争已由血亲复仇转化为争夺土地、财产和人口，战争规模愈加扩大。相邻的部落为了自卫，也为了扩充自己的实力，纷纷结成部落联盟，设立由部落首领、军事首领和宗教祭司组成的管理机构。部落联盟的管理机构负责处理日常事务，重大事情仍由所有成年男子组成的议事会决定，但后来部落首领的个人权力有日益加强的趋势，这一时期被称为军事民主制时期。

在距今4000多年至5000多年的1000年间，我国黄河流域、长江流域的大多数部落、部落联盟都步入了这一时期。他们不断向周边扩展或与周边的部落相互影响，有的部落愈加繁荣，而另一些则开始衰落。这段历史因无确切文字记载，故大都以传说的形式保留在古文献中，是我国远古史中所谓的“英雄时代”。

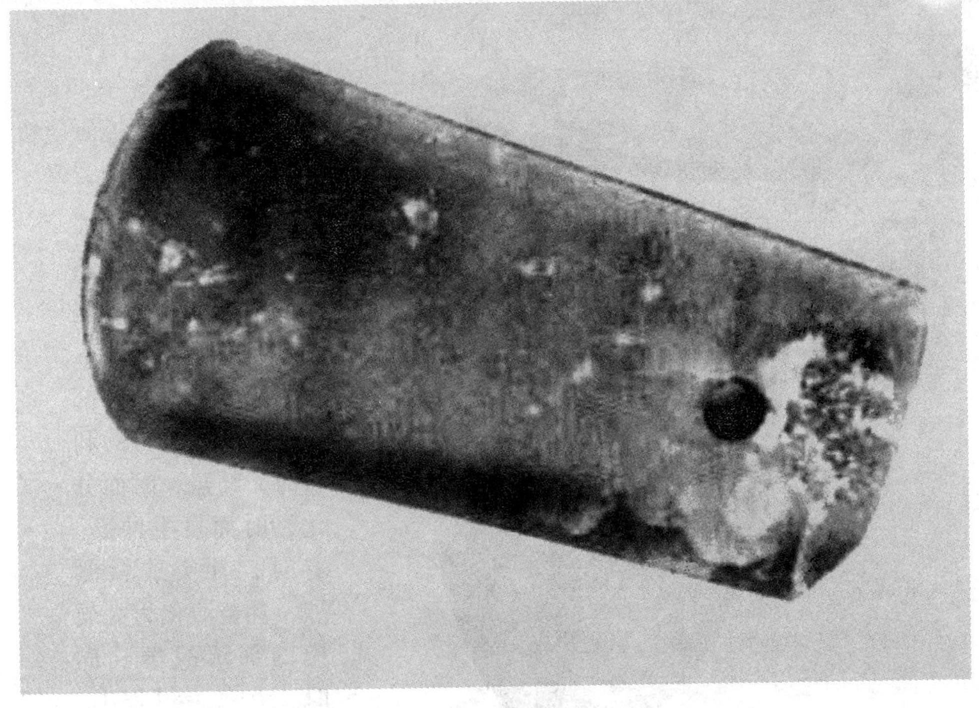

▲ 山东曲阜出土的新石器时代大汶口文化穿孔玉斧

长 19.8 厘米，刃宽 9.1 厘米，厚 0.5 厘米。青色，长方形，顶端平整，两侧斜直，刃部较宽，两面磨刃，略呈弧形，四边较薄，中间较厚。通体磨光，靠近顶端有一圆孔，两面钻透。此件制作精致，是权力或财富的象征物，为部落首领所占有。

根据记载，在黄河中游、关中平原、河东盆地和河南沿河的广大地区，有以姬、姜姓为主的部落群；东方的海岱地区和淮、泗以及长江下游的三角地带，有以风、嬴、偃诸姓为主的夷族部落群；在豫西南山地和丹水、汉水、长江中游一带有“三苗族”之称的苗蛮部落群。这三大部落群各由若干部落与更多的氏族组成，他们大都过着以农业为主，兼营狩猎、饲养和采集的生活，在文化发展上各具特色。他们相互交往，相互影响，在不断融合、同化的过程中共同创造了中国古代文化。除此之外，在秦陇以西，有“诸戎”部落群；秦晋以北的黄土高原和燕山一带，有“群翟”部落群；在四川盆地有巴蜀的先民；在长江以南直至岭南有古越族的部落群。他们分处中原的边缘地区，过

▲ 山东莒县陵阳河出土的大汶口文化刻纹陶尊

高59.5厘米，口径30厘米，中国历史博物馆藏。有人认为，上面所刻的符号象征日、月、山。这类大型陶尊是一种祭器，内装酒，用于享祭神灵。中国古代的世界观是把世界分成上、中、下三界，山或树是沟通天地的天地柱——天梯。祭祀时，巫师可借助酒气通过天梯以沟通天地人神。

着或游牧或狩猎，或原始农业与采集相结合的生活，社会发展水平相对缓慢。

传说中，这些部落群体为了各自的利益时而结盟，时而分化，时而发生冲突。有时，冲突非常激烈，甚至演化为大规模的部落战争。同时，在这一过程中，社会生产力有了较大提高，社会组织日趋完善，人口不断繁衍增多。各部落首领带领他们的部族在治理水患、开垦荒地、发展农耕和家畜饲养等方面都取得了很大成就，他们自身的地位也因之得到了巩固和提升。山东日照两城镇出土的圭形玉斧、良渚文化和石峡文化出土的玉琮、大汶口文化晚期出土的带字陶尊、龙山文化出土的卜骨，都是社会上层人物权力增长的见证。他们从公社成员中分离出来，依靠掠夺和剥削生活，其职务也由原来的选举产生，逐步变为长时期固定或世袭。他们利用手中的权力不断挑起战争，以图取得更多的财富和土地。战争中抓来的俘虏也不再像以前那样随意杀掉或吸纳为养子，而是变卖为奴隶，使其无条件地为自己劳动和创造财富。

在战争中，广大氏族成员变为牺牲品，有的献出生命，有的变为残废，有的丧失财产，渐渐沦为奴隶。由此可见，部族间的争斗加速了贫富分化，促进了私有制和阶级的形成，为王权和国家的出现准备了条件。在一些墓葬中，留下了原始战争的痕迹，如有的骨架残缺不全，或有躯无首，或缺臂少腿，或身首异位，而且有的骨架上还带有箭头。

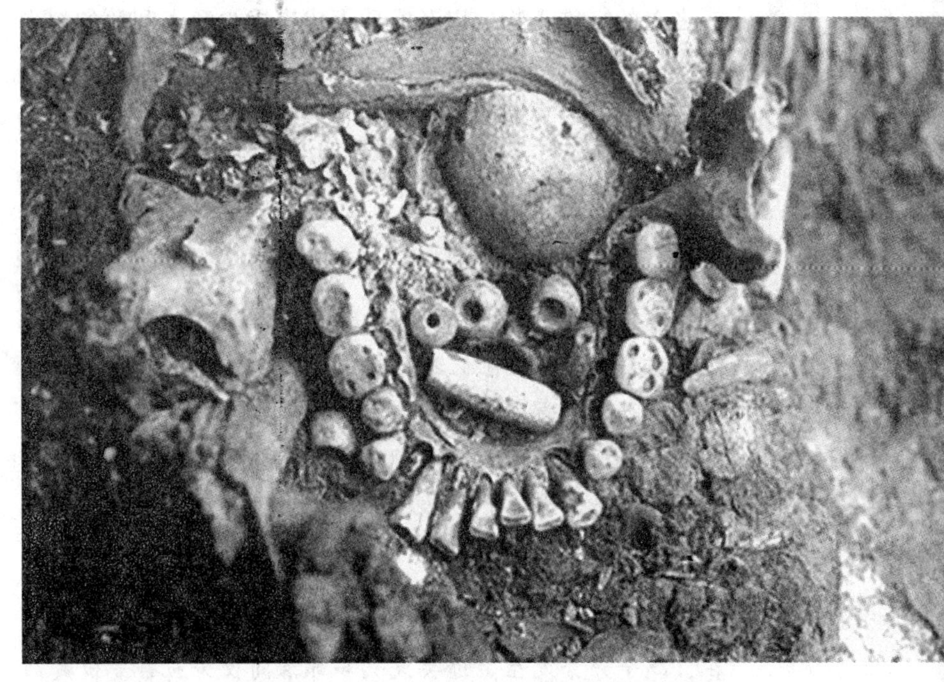

▲ 河北邯郸涧沟村龙山文化杀祭坑的人祭骸骨嘴中含玉器

古代用杀人作祭品来祭祀神灵，这种祭祀礼俗起源于原始社会的部落战争，其时处于野蛮阶段，生产力低下，凡俘虏，通常妇女娶为妻，儿童或收养或杀害，男子则杀祭于祖先灵前，以告胜利。

这些骨架一般均为青壮年男子，可能为战争中的俘虏或地位低下的奴隶。在一些地方还出现了利用废井、废坑埋人的现象，如邯郸涧沟一个直径约1.5米的圆坑中发现有5具骸骨，有的身首异处，有的作挣扎状。这些人被排除于公共墓地之外，可能是原始战争中的蒙难者或祭祀用的牺牲。齐家文化墓葬也发现了散乱的人骨和乱葬坑，有大量的有头无身、有身无头和四肢不全的骨架。这些都说明氏族内部发生了人压迫人的现象，出现了一批凌驾于绝大部分成员之上的特殊人物，以及实质上代表极少数人利益的权力机构。此时，氏族成员的民主权利已徒具形式，选贤任能的民主传统也被践踏，氏族制度遭到空前的破坏，原始社会变得日暮途穷，已经走到最后崩溃的边缘。

历史大视界

原始社会末期，地球上出现了多个以氏族部落为单位的人类文明中心。他们之间经常因掠夺而发生战争，因此，在氏族部落或部落联盟中，都要设置军事领袖，并设置氏族大会、氏族议事会作为领导机构，以决定大事、组织指挥战争，这种制度被称为“军事民主制”。这是一种由氏族公社向阶级社会过渡时期的制度。

军事民主制保留了氏族制度的某些民主因素，同时存在着军事首长的个人权力。由于私有财产和奴隶劳动的存在，战争频繁发生。过去氏族和部落间仅为血亲复仇或疆域争执而战，这时则以掠夺他人财富、奴隶为战争目的。这样，领导部落对外进行战争的军事首领地位日益上升，个人权力不断加强。

这时，由各氏族部落酋长组成的议事会仍起作用，但它的成员逐渐变为由氏族贵族担任并世袭继承，议事会也变为氏族部落内有势力的人操纵的权力机构，而原来由全氏族成年男女参加的氏族议事会，已转变为只有全体武装男子参加的人民大会。在军事民主制的初期和全盛时期，它还起着一定的作用，如对议事会的议案作出决定，但随着军事首长个人权力的扩大，人民大会的作用愈益减弱。

私有制和奴隶制的发展，使得为掠夺财富、奴隶的战争频繁发生，战争又进一步促进了社会的分化。掠夺战争带来的财富首先落到首长、贵族等氏族上层分子手里，担任社会公职的人物逐渐从氏族中独立出来，由社会的公仆变成了社会的主人，并结成一个统治阶级，经过长期斗争并最终夺取了全部权力。

26. 华夏源头

凡黄帝之子二十五宗，其得姓者十四人，为十二姓：姬、酉、祁、己、滕、箴、任、荀、僖、姞、儇、依是也。唯青阳与苍林氏同子黄帝，故皆为姬姓。

——《国语·晋语四》

根据中国古代文献记载，早在4000多年前的军事民主制时期，中国的长江流域、黄河流域散居着许多氏族和部落。这些氏族和部落在长期的战争、交往、迁徙和联盟中，逐渐形成了一个以共同文化为基础的氏族，这就是中华民族的前身——华夏族。根据传说，华夏族的祖先是炎帝和黄帝两大部落，因此我们中华民族又有“炎黄子孙”的称谓。

传说中的炎帝部落支裔生活在今陕西渭河流域古华山之下，世代经营农业，以花为图腾和族徽。古“华”同“花”，又有日光之意，正符合远古部族崇拜太阳、向往光明的普遍心理，因此，“华”成为该部落的族称。在距华族不远的汾河流域有一片宽阔肥沃的平原，黄帝部族的一支迁徙至此，不禁感叹于这片水土的壮大伟美，因其方言中“夏”字代表此意，故他们称此地为大夏，他们也就成为夏人。由于华人和夏人这两支部族都属炎黄嫡裔，地理位置相近，文化特征趋同，于是逐步融合形成华夏族。

炎帝又称神农氏，生于渭水支流的姜水。姜水在今陕西岐山东，应为古代羌人的活动地域，因而，炎帝极可能也是古羌人部落的祖先。

炎帝的后裔，根据传说可分为四支，其中最有影响的是共工氏。《国语·鲁语上》曰："共工氏之伯九有也，其子曰后土，能平九土，故祀以为社。"也就是说，共工部落在当时的众多氏族部落中居于首要地位。据说，共工氏曾治理洪水，但未能成功，其子后土治水始得成功，故被奉为社神。所谓"能平九土，故祀以为社"，即指后土治水而言。炎帝的另外一支为烈山氏。《国语·鲁语上》载："昔烈山氏之有天下也，其子曰柱，能殖百谷百蔬，……故祀

▼黄炎结盟

▲ 轩辕黄帝像

以为稷。”所谓烈山，是因“烈山泽而焚之”而得名，也就是原始的开垦荒地。其子柱善于种植各类谷物、蔬菜，因而被奉为稷神。在古代，稷被尊奉为谷物之神，社被尊奉为土地之神。对以农业立国的国家和民族来说，土地和粮食是社会经济的基础，是社会发展和兴衰存亡至关重要的因素，所以，在中国，“社稷”即国家的代名词。

在炎帝部族中得到较大发展的一支是所谓的四岳，即后来发展为以姜姓为主的四部——齐、吕、申、许，今河南登封的嵩山为其共同的发祥地。在今山西汾水流域，还有炎帝部族的最后一支，以后的沈、姒、蓐、黄四部落都是其支裔。

炎帝部落活动的区域主要为古代被称作“九州”的今河南西部伊水、洛水流域，《左传·昭公四年》所载“四岳、三涂、阳城、大室、荆山、中南，九州之险也”，即其中心与四界的主要山脉。但是，炎帝部落的活动范围远不以此为界，传说中炎帝族与东方夷族首领蚩尤曾战于涿鹿之野，说明其活动区域已延伸至今河北省北部。伊洛平原以西的山区后来有所谓“九州之戎”，即指炎帝族的后裔。此外，炎帝部族在漫长的迁徙过程中，也构成了后来的氐羌诸族，散布在今陕西、甘肃、青海、西藏及四川、宁夏等地，据说他们的先祖都与共工、四岳有关。

传说中的黄帝是我国北部诸夏氏族部落的祖先，被列为五帝之首，是这个英雄时代的代表人物。黄帝号称有熊氏，又号轩辕氏（天鼋）和缙云氏，传为姬姓，因发源于陕西渭河流域的姬水而得名。《国语·晋语四》载，黄帝部族共约25支，其中有姓氏的14支，分别为姬、酉、祁、己、腾、箴、任、荀、僖、姞、儇、依等12个姓。又据《国语·晋语四》载，“昔少典娶于有蛟（jiǎo）氏，生黄帝、炎帝。黄帝以姬水成，炎帝以姜水成。成而异德，故黄帝为姬，炎帝为姜。二帝用师以相济也，异德之故也。”依此说明，炎帝和黄帝同出于少典氏族，为兄弟部落，两个部落发祥于我国西北黄土高原地区。之后，二者因“异德之故”，发生战争，传说中的阪泉之战就反映了这次历史事件。《史记·五帝本经》载：“炎帝欲侵陵诸侯，诸侯咸归轩辕。轩辕……教熊、罴、貔、貅、貙、虎，以与炎帝战于阪泉之野，三战，然后得其志。”

阪泉之战后，黄帝成为华北地区的统治首领，这是华夏族形成的第一步。之后，黄帝部族又向东、向南发展，最后进入江汉流域，经过与当地氏族、部落的多次争斗后，终于在这一地区也取得了盟主地位。从此，华夏族中又融入了江汉地区的许多氏族、部落，为中华民族的最终形成奠定了重要基础。

正因为如此，古代传说几乎把所有有名的氏族部落都列为黄帝一系，直到今天我们仍然号称“炎黄子孙”。

历史大视界

我国人民有一部分从古代起就首称诸夏，又自称华夏，又或单称夏或华。到春秋战国以后，华夏就成了我们种族的名称。对四外的民族，我们称之为夷、狄、戎、蛮，或其他较以上四个名称含义略窄的名字。把我国较古的传说总括来看，华夏、夷、蛮三族实为秦汉间所称的中国人的三个主要来源。

27. 东夷溯源

少皞氏有四叔，曰重，曰该，曰修，曰熙，实能金木及水。

——《左传》

根据古代文献记载，在我国黄河、淮河的中下游地区，还散居着一个有别于华夏族的古老部落——东夷族，该族奉太昊与少昊两个部族首领为祖神。太昊也叫伏羲氏，据说是雷神的后代，以龙为图腾，世代“以佃（狩猎）以渔”，起源于淮河流域，其后裔有任、宿、须句、颛臾等部，以风为姓。起源于山东曲阜一带的另一支夷人史称少昊部落。据《左传·定公四年》载春秋时郯子的追述，这支夷人以凤为姓，并以“鸟名官”，有凤鸟氏、玄鸟氏、伯赵氏、青鸟氏、丹鸟氏、祝鸠氏、鸤鸠氏、鸼鸠氏、爽鸠氏、鹘鸠氏等，此外还有“五雉”、“九扈”，共24个氏族，组成3个胞族，合为一个部落。这说明少昊是以鸟为图腾的氏族组成的部落。少昊氏部落有重、该、修、熙4个支裔，在经营农业的同时，各自以技术特长实行分工：“重”善于制作木质耒耜农具，把原来比较原始的直刺式木耒，改造成曲柄斜尖并安装上耜头，后世尊奉其为“木正”；“该”

▲ 新石器时代彩陶鸟纹钵（局部）

陕西华县柳子镇泉护村出土，属仰韶文化庙底沟类型。器高 12 厘米，口径 32 厘米。陶钵图案于夸张变形中，极富装饰趣味，用笔简括生动。该彩陶上的鸟纹说明当时的人们对鸟的喜爱或者可能以鸟为图腾。

善于金属加工，改造旧式农具，被尊奉为“金正”；“修”、“熙”防治洪水，被尊奉为“水正”。

相传，“及少昊之衰也，九黎乱德”。九黎即九夷，分别是畎夷、于夷、方夷、黄夷、白夷、赤夷、玄夷、风夷、阳夷，蚩尤是他们共同的首领。在古代文献中，关于蚩尤的记载并不多。据说他性贪残暴，“蚩尤，庶人之贪者也”，而且经常作乱。后人据此说他死后升到天上变为不吉利的星宿——慧星，成为乱世之兆。同时，蚩尤在我国历史上也被作为一位勇敢善战的军事首领而称颂。据文献记载，春秋战国时，蚩尤被奉为战神，凡有战争之事，都要对他进行祭祀。秦时把蚩尤列为东方八神将之一。汉代刘邦起义时，也曾祭祀蚩尤以衅鼓，得天下之后又在长安设立蚩尤祠。延至宋代，太宗出征河东，还曾派右赞善大夫潘慎修于出师前一日到郊外祭蚩尤。由此可见蚩尤对后世影响之深。蚩尤不仅在东夷诸部族中取得了统治地位，又向西与炎帝争夺领土。相传蚩尤有兄弟81人（应当是81个氏族），个个兽身人言，食沙石，铜头铁额，勇悍善斗，尤其是蚩尤，他八肱八趾，能呼风唤雨、吹烟吐雾。当炎帝部落由西向东推进到鲁西一带时，与九黎族相遇，双方发生冲突，炎帝被打败，然后逃到涿鹿附近求助于黄帝部落。传说“黄帝与蚩尤九战九不胜”，于是请诸天神帮助，最终在今河北涿鹿之野执杀了蚩尤。这次大战使中原地区的形势大变，炎黄部落迅速向东南推进，进入到鲁西南地区，九黎族一部被迫南退，另一部则与炎

▲ 少昊像

号金天氏，传为黄帝之子，“能修太昊之法，以金德王天下”。

▲ 汉画像砖蚩尤像

传说中的蚩尤是人兽混合体（牛头、兽足）。他可能是被丑化，也可能是因为蚩尤部族以牛头作为作战标志。

黄部落融合，逐渐成为华夏族的一部分，其中以皋陶、伯益、颛顼、帝喾四支最为著名。皋陶偃姓，其后裔春秋时尚有英、六、蓼和群舒，散居于江淮之间，大约是西周以来被称为南淮夷的部分。伯益嬴姓，其后有徐、郯、莒、终黎、运奄、菟裘、将梁、黄、江、修鱼、白冥、蜚廉以及秦、赵诸氏，除秦、赵为战国时大国外，余皆散居于黄淮之间，可能即西周以来被称为淮夷的地方。颛顼即高阳氏，其后裔最著名者为祝融，曾为火正。据记载，祝融分为八姓，即己、董、彭、秃、女云、曹、斟、芈（mǐ），除

▲皋陶像

皋陶是黄帝之子少昊之后，生于公元前21世纪，为传说中东夷族的首领，相传曾被舜任为掌管刑法的“理”官，以正直著称，被奉为中国司法的鼻祖。他辅佐夏禹理政、治水和发展生产，并为融合夷夏和后来中华民族的形成作出巨大贡献，与尧、舜、禹齐名，被后人尊为“上古四圣”。禹根据皋陶的品德和功劳而举他为继承人，并授政于他，但皋陶未继位即去世。

芈姓在商代末年逃入长江流域成为后来楚国的王族外，其余诸姓多是散居黄河流域的古国。东夷部族中最为强盛的一支为帝喾，其后裔为有虞氏。故有学者认为帝喾即是著名的帝舜。而商的始祖契，据说也是帝喾的后裔。

总的说来，古代传说中的东夷部落，所居的地域颇为辽阔，北自山东北部，最盛时或者能达到山东的北部全镜，西至河南的东部，西南至河南的极南部，南至安徽的中部，东至东海。

历史大视界

关于太昊与少昊的关系，史学界目前有三种观点：

第一种观点是太昊在前，少昊在后，即太昊时代早于少昊时代。持此说者有傅斯年、唐兰、陈怀荃、陈平等。他们认为，太昊、少昊皆为部族名号，且有先后之分，太昊作为东夷中心部落而组成太昊部落联盟，估计应在新石器时代早、中期的母系氏族阶段。少昊取太昊而代之，则大约在新石器中晚期的母系和父系氏族过渡时期。

第二种观点认为太昊与少昊是同时并存的。太、少只表示兄弟长幼之分，无先后之别。且两部族都以凤鸟为图腾，说明同出一源，又因部族多由数个胞族组成，太昊、少昊二族极可能为同时代的两个胞族。持此说的代表有刘敦愿、栾丰实等。

第三种观点认为少昊早于太昊。因古史称谓中，少即小，太即大。氏族部落又多为弱小氏族汇集而成，所以，少昊至太昊可印证这种历史发展顺序。持此说者较少，代表人物有徐中舒。

28. 三苗寻根

苗民，谓九黎之君也。九黎之君于少昊氏衰而弃善道，上效蚩尤重刑，必变九黎。言苗民者，有苗，九黎之后。

——《尚书·吕刑》

“蛮”在古代主要是指相对中原地区“华夏”而言的南方部落，《春秋谷梁传》载：“四夷者，东夷、西戎、南蛮、北狄之总号也。”而在南方诸蛮中，古籍文献中提及最多的是“三苗”或说“有苗”、“苗民”。例如《史记·五帝本记》：“三苗在江、淮、荆州，数为乱。”《帝王世纪》：“诸侯有苗氏处南蛮而不服。”由上可知，这个集团聚居和活动的地域大致在长江中游两岸。《战国策》说：“三苗之居，左彭蠡之波，右洞庭之水；文山在其南，而衡山在其北。”彭蠡就是现在江西境内的鄱阳湖；洞庭就是现在湖南境内的洞庭湖；衡山，据史学界考证是今河南南部的桐柏山和大别山脉。这样，三苗部落集团的聚居中心，大致就是今天的江西、湖南、湖北，最北部达河南的桐柏山，以大别山为界。由上也可得知，关于三苗部族的记述，最早可溯及到尧舜禹时期。

相传，当时三苗有三个部落组成，其中一个部落的首

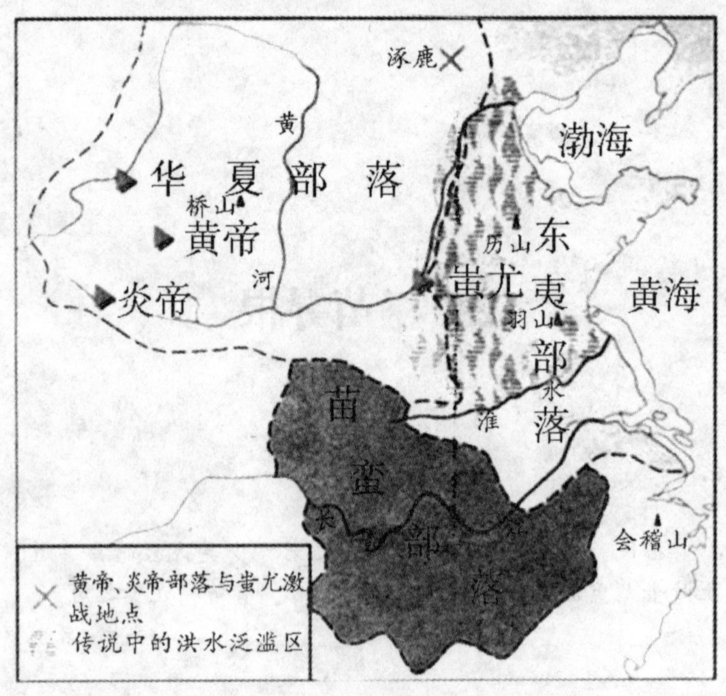

▲ 炎黄战蚩尤时的部落分布图

领叫驩（huān）兜，后来战败被放逐于崇山，另两个逃向西北和东南。三苗部族一度也相当发达，发明了“五虐之刑”（即劓、刵、椓、黥和大辟，也就是割鼻、断耳、宫刑、刺面和砍头），并意欲北上争夺更大的活动领域。尧时，曾与之“战于丹水之浦”，说明尧执政时，代表中原的华夏势力曾与三苗部族发生过冲突。丹水即今丹江，丹水之浦即今陕西商洛以东至河南西峡一带，这是华夏与三苗最初接触的地区。有关舜与三苗关系的传说较多，如《吕氏春秋·尚德》载：“三苗不服，禹请攻之，舜曰：‘以德可也。’行德三年，而三苗服。”这反映了舜时华夏势力已大步向南方推进，舜的声威远及湖南境内。禹伐三苗是史前华夏势力与三苗部族冲突的最后一幕。有学者将这场旷日持久的事件概括为尧时进攻、舜时相持、禹时全胜。

禹征三苗的胜利，不仅使三苗“更易其俗”，更标志着华夏与苗蛮真正开始走向融合。对于两方文化的融合过程，古文献中没有确切的记述，只有祝融的传说中提供了某些蛛丝马迹。祝融是颛顼之后，本司火正之职，后因职名而成为人名和氏族名称。祝融族原居郑卫地区，其后代分为八姓：已、董、彭、秃、鹮、曹、斟、芈，都属华夏族系。至尧、舜、禹时期，祝融的后裔参与了对三苗的斗争。他们中间的一些氏族随着华夏势力的发展迁徙到南方，在苗蛮中定居下来，祝融八姓中的“已”姓成为后来楚王室的祖先。楚灵王称为“我皇祖伯父”的昆吾，是祝融八姓中“已”姓的一支。芈姓的一支南迁后被称为蛮芈，在今湖北秭归建国。曹姓的一支南迁后在今湖北黄岗东南建国。迁

▲ 火神祝融

祝融兽头人身，双耳穿两条火蛇，脚踏两条火龙，全身火红鳞片，为神话传说中的古帝，以火施化，号赤帝，后人尊为火神。一说祝融原叫重黎，在担任火正官时，黄帝赐他姓“祝融氏”。

到南方的祝融后裔与苗蛮杂处，把中原文化带到南方，本身又接受南方文化，在经过1000余年的积淀后，终于形成了春秋时的楚文化。

历史大视界

从考古学来看，三苗文化应与大溪文化——屈家岭文化——石家河文化的发展序列相对应，无论在农业还是手工业或原始科技等各方面均有很高成就。例如，在大溪文化阶段出现了以水稻种植业为主的大型农耕聚落遗址。在湖南玉蟾洞遗址发现了距今2万年左右的水稻壳，这表明江汉地区的农耕文化历史相当久远。在石家河文化的多处遗址中发现有石器、陶器、骨器和大量猪头随葬品，这表明三苗部族的手工业和畜牧业也达到了一定规模。另外，在出土的陶器上还刻有符号，若确为文字，那么中华文字的源流可认为是多元的。在原始科技领域，考古人员通过在罗家柏岭遗址中发现的铜器残片，认定三苗部族早已掌握了冶铜技术。

29. 涿鹿之战

蚩尤请风伯、雨师，纵大风雨。黄帝乃下天女曰魃，雨止，遂杀蚩尤。

——《山海经·大荒北经》

以上三大部落集团，由于利益上的矛盾，曾经发生过几次冲突，爆发过几次战争，在战争中又不断融合，最后形成了巩固的中原部落联盟。

传说，最初的冲突发生在炎帝和蚩尤两大部落集团之间。这次冲突发生的原因是炎帝后裔共工氏沿渭河东下，经河南西南部再顺黄河向东发展，而蚩尤则由东向西扩张，彼此相通，双方为了争夺土地而发生了利益上的冲突，于是爆发了战争。

这次战争打得十分激烈，战争的结果是炎帝部落集团的共工氏被蚩尤打败，部落集团中九个氏族的居住地也被蚩尤占领。传说共工氏曾拼死抵抗，但仍不能挽回颓势，最后“怒而头触不周之山，天柱折，地维绝，天倾西北，故日月移焉；地不满东南，故水潦尘埃移焉。”意思是，共工氏失败后，盛怒之下用头撞向了有四大天柱之一之称的不周山，因不周山地处西北方向支擎着天庭，故天柱被撞折，天倾西北，日月星辰移集到西北方向；同时大地也被

▲ 共工怒触不周山

震裂了，地陷东南，故水流都归聚到东南方。这次战争虽演化为神话，但却反映了当时冲突的残酷和激烈程度。

共工氏部落失败后，引起炎帝集团的巨大恐慌，于是“乃说于黄帝”（即向黄帝部落求援）。黄帝因与炎帝同出少典氏族，属兄弟部落，同时或许也感到了“唇亡则齿必寒”，遂答应了请求。黄炎两个部落因此结成了联盟，决定在涿鹿之野与蚩尤进行对抗，这就爆发了历史上有名的涿鹿之战。

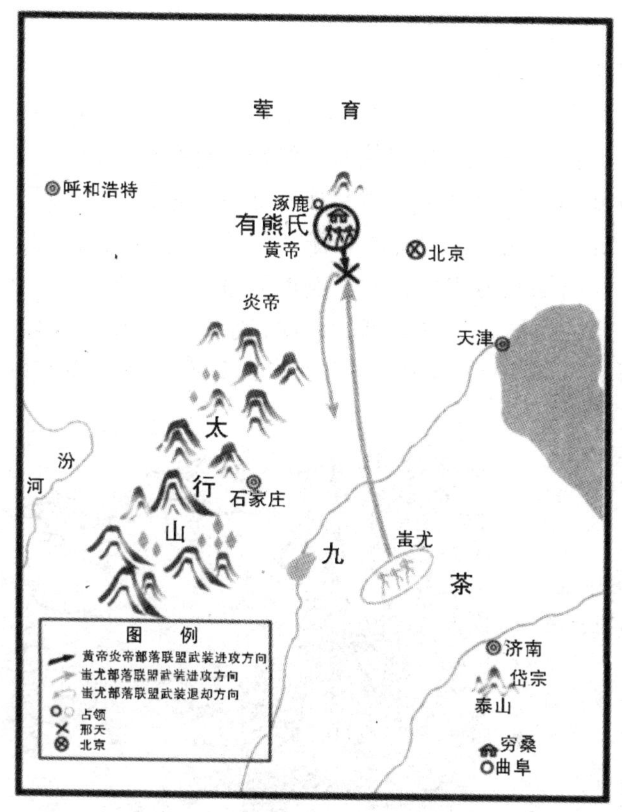

▲ 涿鹿之战示意图

蚩尤部落由于装配先进，能使刀、戟、大弩及佩戴盔甲，自身又铜头铁额，能飞沙走石，并有81个氏族部落兄弟相跟随，所以战争一开始，蚩尤部落便处于优势，把黄帝部落团团围住。黄帝依靠指南车的指引，才勉强逃出了战阵。为了阻止蚩尤前进，黄帝派应龙在冀州之野布起水阵，蚩尤乃请来风神雨伯，刮起大风，冲破了应龙的水阵，导致黄帝九战而九不胜。在这危急关头，黄帝从天上请来了一位叫魃的旱神。她使出了神通，阻住了大风大雨，放晴了天气，蚩尤因此受挫。

后来，天庭又派九天玄女给黄帝送来了昆吾剑和玄女兵法，黄帝派人捕捉到貌似牛的独角神兽夔，剥下其皮制成战鼓，又从沼泽中逮住雷神，抽取了他的一根大腿骨做成鼓槌。再战蚩尤时，黄帝派大将力牧将蚩尤引入玄女兵阵，同时擂起夔皮鼓。鼓声响彻五百里，黄帝一方士气大振，蚩尤军队则手颤足麻。趁此机会，黄帝用昆吾剑斩杀了蚩尤，结束了这场战争。相传，双方都因此损伤惨重。

▶九天玄女授书图

古神话传说九天玄女娘娘是一位法力无边的女神，因除暴安民有功，玉皇大帝才敕封她为九天玄女、九天圣母。乃上古之玄鸟，人头鸟身，奉天命生于下契，事唐虞为司徒，封于商，传十三代太乙为成汤，建立周朝。据史书及神话传说记载：她是黄帝的军师，所造能出奇制胜的“天书”兵法。

▲ 汉画像砖“黄帝战蚩尤”图

《庄子·盗跖篇》说：黄帝“与蚩尤战于涿鹿，流血百里。”说明这场战争打得十分激烈。

黄帝杀死蚩尤之后不久，天下又开始扰乱，黄帝遂让画匠将蚩尤的形象绘制成图昭示天下，天下都谓蚩尤不死，于是尽皆臣服。遂后，黄帝对九黎族进行安抚分化。据《拾遗记》说：“轩辕（黄帝）去蚩尤之凶，迁其民善者以邹鲁之地，迁恶者于北之乡。其先以地名族，后有邹氏、鲁氏。”此后，九黎族人有的归顺于黄帝，有的留居于他们的故地，有一部分人则可能南下迁移，与居住在南方的部落集团融合了。

历史大视界

涿鹿之战是以炎黄二帝为代表的华夏部族与以蚩尤为代表的东方部族在各自文化向外发展过程中的一次碰撞，是炎黄联盟夺取天下大权、排除异己力量的反映。战后，华夏部族将蚩尤的文化融入进来，炎黄二族巩固了新联盟关系，共同创造和发展了华夏文化。

30. 阪泉之战

黄帝与炎帝战于阪泉之野，帅熊、罴、貔、貅、貙、虎为前驱，雕、鹖、鹰、鸢为旗帜。

——《列子·黄帝》

世界各古老民族都经历了自己的“英雄时代”。“英雄时代”英雄辈出，我国传说中的三皇五帝是其中的代表人物，而领袖人物的生平记述及其相关的氏族部落事迹，又成为那个时代的反映。在诸多帝系中，炎、黄两帝部族尤为重要，后来的夏、商、周三代都认为是他们的后裔。

炎帝时代的贡献，主要是在原始农业和原始文化两个方面。《竹书纪年·前篇》传述：神农“作耒耜，教天下种谷，立历日，辨水泉甘苦。”“耒耜”直至商周仍是主要耕作农具，“立历日”和“辨水泉甘苦”反映当时已初步认识了季节变化规律和水土的性质。这些重大发明促进了原始农业的发展，出现了“五谷兴助，百果藏实”的繁荣景象。与此同时，制陶、纺织等原始手工业也得到了充分发展，并出现了“日中为市”的交易市场。发明医药是炎帝时代的又一重大成就。传说炎帝神农氏为寻药而“遍尝百草”。传说他还发明了五弦琴、七弦琴，创制了名叫《扶

▲ 涿鹿炎帝营

位于黄帝城西南3公里处，又称中华第一营，为当年炎黄二帝阪泉之战时炎帝部落安营扎寨的地方。

持》的舞乐，演八卦为六十四卦。这些文化方面的发明创造用于“通天地之德”、“合神人之和”，多与原始宗教活动有关。

炎帝氏族部落开始衰落的时候，黄帝氏族部落和以蚩尤为首的东夷氏族部落势力逐步强盛起来。炎帝在黄帝的帮助下，打败了入侵的蚩尤部落集团后不久，结成联盟的炎黄两集团内部又发生了矛盾，原因是“炎帝欲侵凌诸侯”，估计是双方都想争夺盟主，故发生了利害冲突。黄帝乃修德振兵，用以鹰、雕等飞禽为图腾的氏族作为先锋，驱使6个分别以熊、罴、貔、貅、貙、虎为图腾的部族与其联合，在今河北怀来县的阪泉之野摆开战阵，经过三次恶战，最终征服了炎帝部落。黄帝于是成为包括诸夷部落在内的更大规模的部落联盟首领。从此，黄帝族落成为不断融合中原各地众多部落的核心力量，黄帝也被尊崇为华夏族的共同祖先。

以黄帝为代表的部落联盟在中原地区取得领导权后，进而向江汉流域扩张，与逐渐强大并意欲向北扩张的苗蛮部落联盟发生冲突。据说“五十二战而天下咸服”，一度取得了阻止苗蛮北上的胜利。但黄帝部族与苗蛮的冲突延续了好几代，到尧、舜、禹时代，终于演化为更大规模的战争，并最终取得了驱逐苗蛮的军事胜利。

战争打破了各部落之间的隔阂，使各部落创造的文化走向了融合。古史传说中，不但把夷人和羌人的一部分列为黄帝的后裔，而且把原始社会中各部族劳动人民的许多伟大发明，如衣服、文字、舟车、历法、蚕丝等等都归功于黄帝。黄帝作为一个胜利者的代表而被神化、偶像化，越来越具备帝王的形象。

到黄帝的后代颛顼、帝喾时，为了更好地加强个人统治权，遂把民政和宗教分离开来。部落军事首领只管民政，不再兼管宗教事务，宗教事务则另设祭司来掌管。祭司还兼管天文历法，即所谓“命南正重司天以属神，命火正黎司地以属民。”神事与民事的分离，使祭司阶层逐步蜕化为各级官尹，部落军事首领则上升为后来的君王。

历史大视界

三皇的说法有多种类型，一说为伏羲、女娲、神农，一说为伏羲、神农、燧人，一说为轩辕、神农、赫胥，一说为伏羲、神农、祝融，等等。几种类型虽然出处不同、说法各异，但这一系统中的伏羲、女娲、神农、燧人、祝融、轩辕、赫胥等，都被战国秦汉时人视为华夏远古时期有所发明创造、有功于文明进步的英雄人物。

五帝一般公认为黄帝、颛顼、帝喾、尧、舜，黄帝被列为五帝之首。传说颛顼进行了一次“绝地通天”的社会变革，设立了官吏，使各司其职，避免了社会的混乱，说明国家权力和国家机构已处于萌芽之中。帝喾又称高辛氏，据说“能序三辰以故民”，即能观测天象并根据日月星辰的四时运行规律来安排农业生产，使百姓安居乐业。尧所属的部落是传说中的陶唐氏，因此称为唐尧。继尧而为部落联盟首领的舜，出自一个叫有虞氏的古老氏族，所以又称虞舜。尧舜时期，已进入野蛮时期的高级阶段，属于中国氏族社会的末期。

31. 颛顼与帝喾

帝喾高辛者，黄帝之曾孙也。高辛父曰蟜极，蟜极父曰玄嚣，玄嚣父曰黄帝。

——《史记·五帝本纪》

经过涿鹿之战与阪泉之战这两次激烈的战争之后，炎帝部落与蚩尤部落的势力从此衰落了，黄帝部落集团凭借武力占据了整个黄河流域，并形成了比较巩固的军事联盟体系，其直系亲属也相继登上了政治舞台。

《史记·五帝本纪》载：黄帝生二十五子，有姓氏的十四人。其中，正妻嫘祖所生二子，一曰玄嚣，二曰昌意。昌意娶蜀山氏女生下颛顼。相传，昌意一家追随黄帝到河南，黄帝封其孙颛顼于河南省杞县高阳，所以颛顼也号高阳氏。高阳氏自幼寄居在其叔金天氏所掌控的东夷部族内，10岁开始向金天氏学习政事，20岁继承金天氏帝位，成为东夷部族首领。之后，他向西与共工氏部落的后裔争夺天下，并凭借武力登上了中原部族联盟首领的宝座。

相传，颛顼帝的辖区非常大。《史记》载："北至于幽陵，南至于交阯，西至于流沙，东至于蟠木，动静之物，大小之神，日月所照，莫不砥属。"《史记·正义》言：

“幽陵，幽州也。”即今天河北北部、辽宁南部一带。“交阯，交州也。”即今天广东、广西和越南一带。“流沙，在张掖居延县。”即今甘肃张掖。“蟠木，东海中有山焉，名曰度索。上有大桃树，屈蟠三千里。”即指东海。

为了更好地加强个人统治权，颛顼十分重视治理，努力发展农业生产，并把民政和宗教分离开来。这次大的社会变动加速了氏族制度的进一步解体，促进了文明社会的降临。

▲ 颛顼帝

姓姬，号高阳，黄帝之孙，昌意之子，20 岁即位，在位 78 年。进行过政治改革，并进行了一次重要的宗教改革。到颛顼时，被黄帝征服的九黎族仍信奉巫教，杂拜鬼神。颛顼禁绝巫教，强令他们顺从黄帝族的教化，促进了族与族之间的融合。古史上描写说，他聪明敏慧，有智谋，在民众中有很高的威信，视察所到之处，都受到部落民众的热情接待。

古代文献记载，颛顼死后，其子穷蝉不学无术，玄嚣的孙子高辛氏即位，这就是帝喾。帝喾的父亲叫蟜极，曾祖父便是黄帝。相传，帝喾很有灵气，一出生就叫出自己的名字。长大后，他上顺天意，下解民意，遍施恩泽与众人。15岁时，即辅佐叔父颛顼治理国家，30岁继承颛顼帝位。因他在辛地（今河南商丘南高辛里）开创基业，故号高辛氏，也名帝俊。

▲ 帝喾

姓姬，号高辛，黄帝的曾孙，在位70多年。在位时人才济济，把天下治理得很好。

《山海经》记载，帝喾娶有邰氏女姜嫄生下周族的始祖后稷，娶有娀氏女简狄生下商族始祖契，娶陈丰氏女庆都生下了尧，娶娵訾氏女常仪生下了挚。传说，他还有两位夫人羲和、常羲，分别生下了10个太阳和12个月亮。帝喾执政大公无私，能明察善恶，并能观测天象和根据日月星辰的四时运行规律来安排农业生产。所以，他虽不能像黄帝、颛顼那样建立丰功伟业，但却深得民心。

在我国古史系统中，颛顼与帝喾并列于五帝中黄帝之后，但据现代史学界论证，颛顼与帝喾所处年代与黄帝约有数百年及至一千年，故只可把二者看作是黄帝后裔，或把某些人物的名字看作是当时的族称。

历史大视界

在传说史料中，关于黄帝与颛顼、帝喾的记述多相抵触，而后二帝尧舜及禹的关系则是比较清楚的。一般说来，黄帝、颛顼、帝喾所代表的时代应在仰韶文化晚期至良渚文化早期这一时段，而尧、舜、禹之际，则属龙山文化时期。

32. 尧舜禹禅让

皆以尧、舜之道为是而法之，是以有弑君……尧为人君而君其臣，舜为人臣而臣其君，……而天下誉之，此天下所以至今不治者也。

——《韩非子·忠孝》

原始社会后期，氏族林立。《史记·封禅书》载：“黄帝时有万诸侯。”也就是说，当时黄帝部落集团已经拥有成千上万个氏族了。此后，黄河流域便形成了以黄帝部落为核心的比较巩固的部落联盟。大约又经过几百年的历史，至距今4000多年前，黄河流域的氏族社会进入了尧、舜、禹时代。

尧、舜、禹是原始社会末期黄河流域前后相继的三个有名的部落联盟首领。

尧，又称帝尧，号陶唐氏，又号放勋，传说是黄帝的玄孙，帝喾的儿子。《史记·五帝本纪》载：尧“其仁如天，其知如神”，“富而不骄，贵而不舒。”陶唐氏族是黄帝后裔十二姓中祁姓的一支，最初活动在今河北省一带，唐尧时迁至今山西南部汾水流域，在华夏诸部落中已有举足轻重的地位，当华夏诸部落组成以地域为基础的部落联盟时，唐尧即被推举为部落联盟的首领。

根据《尚书·尧典》记载，尧时正值大旱，十日并出，晒枯了稼禾，烤焦了土石，人们的汗水早已流尽，存粮也要告罄。灾祸还不限于此，凿齿、大风、修蛇、猰貐、封豨（xī）等恶兽也纷纷从燃烧的森林、沸腾的湖泊里逸出，逞着贪婪的本性，到处吞食百姓。尧上任后，首先任用羲和，制定历法，“敬授民时”。其次是派神箭手羿“诛凿齿于畴华之野，杀九婴于凶水之上，缴大风于青丘之泽。上射十日而下杀猰貐，断修蛇于洞庭，禽封豨于桑林”，之后又选拔官吏同南方乘机叛乱的三苗“战于丹水之浦”。以上措施及所取得的成绩使他深得人民爱戴，以致后世称他能“亲九族”，“协和万邦”，尤其是尧对鲧的任用，更体现出他在军事民主制时期的知人悉物。传说尧时，大旱过后，黄河又泛滥成灾。为了治水，尧召开各部落首领会议，“四岳”（各地部落首领）举荐鲧治水，尧认为“鲧负命毁族，不可”，因“四岳”坚持，尧便同意让鲧治水。鲧用筑堤方法，企图阻挡洪水，苦战9年，结果

▲ 尧帝像

▲ 汉画像石尧舜禅位图

堤岸崩溃，洪水泛滥，治水失败，尧便将鲧放逐到羽山（今山东郯城）。

尧在位70年时欲禅让帝位，于是就人选问题向四岳征求意见。四岳先推举尧的儿子丹朱接任尧的职位，尧不同意。他认为丹朱不肖，不足授天下。尧又对四岳说："朕在位七十载，汝能庸命，践位？"意思是说：你们部落首领中，有谁能够顺事天命，接替我的职位呢？四岳说："鄙悳忝帝位。"意思是说：我们都没有这个德望，来接任部落联盟首领的职位。后来大家一致推荐颛顼的后代舜。颛顼的子孙，自其子穷蝉至舜父瞽叟五代，都无功业可言，舜与尧亲缘关系疏远，生活在民间。他的家中"父顽，母嚚，弟傲。"弟象为继母所生，父爱象，常欲杀害舜。有一次，瞽叟让舜登高去用泥土修补谷仓，却令象在下面焚火。舜用两个斗笠保护自己，像长了翅膀一样跳下来逃开，才得以不死。后来，瞽叟和象又合谋让舜挖井，舜挖至深处时，瞽叟和象一起往下倒土填埋水井。幸亏舜早在挖井的时候，已在井壁凿了暗道，可通向外边，才又一次逃生 了。瞽叟和象以为舜已死，便霸占了舜的妻子和财产。当舜归来后，象

▲ 虞舜“孝感动天”故事图

传说，舜的孝行感动了天帝，舜在历山耕种，大象替他耕地，鸟代他锄草。帝尧听说舜非常孝顺，有处理政事的才干，就把两个女儿娥皇和女英嫁给他；尧又经过多年观察和考验，最后选定舜做他的继承人。

非常惊愕，继而又闷闷不乐，舜则还像以前一般侍奉父母、爱护兄弟。舜的高尚品德，影响了周围的人，大家都能和睦相处，诚实劳作。人们敬仰舜，纷纷迁徙到他的住地来，舜居住的地方很快由村落发展为都邑。尧接受四岳推荐后，“以二女妻舜以观其内，使九男与处以观其外”，舜能使二女恭行妇道，使九男更加敦厚谨敬。尧使舜主持教化，社会风气很快好转；使舜担任各种官职，他办事及时而有条理；使舜迎接宾客，他的举止仪容都恭敬如礼；使舜入山林川泽，遇上暴风雷雨，他也不迷失方向。于是尧荐舜于上天，使舜摄行政事。摄政之后，舜做出一系列重大贡献，特别是流放了“作乱”的三苗和“淫辟”的共工，得到了百姓的普遍拥戴。尧崩，三年丧毕，舜避让尧子丹朱，然

▲ 尧嫁二女予舜

而“诸侯朝觐者不之丹朱而之舜，狱讼者不之丹朱而之舜，讴歌者不讴歌丹朱而讴歌舜”，舜知“天命”在己，终于“践天子位”。

舜执政后，起用尧未能举的高辛氏子孙“八元”和高阳氏子孙“八恺”来管理土地和教化；令契管人民；让伯益管山川林泽；使伯夷主祭祀；令皋陶作刑，并起用鲧的儿子禹来治理洪水。禹采用疏导法治水取得成功，名声大振，为其成为部落联盟的首领奠定了基础。

舜年老后，四岳举治水成功的禹为其继承人。禹又称夏后氏，传说他也是黄帝的后裔，是颛顼帝的孙子，其父亲名叫鲧。禹的性格刚直，待人可亲，言而有信，勤敏用事，以身作则。舜同意后，禹为舜处理部落联盟事宜长达17年。舜死后应是禹继位，但禹却“辞辟舜之子商均于阳城，天下诸侯皆去商均而朝禹，禹于是遂即天子位”。

传说中的尧、舜、禹时期，是我国原始社会向奴隶制过渡的时期，即处于军事民主制阶段。当时黄河流域形成的以黄帝族为主体的部落联盟里，设有最高权力机关——四岳十二牧会议，即部落联盟会议。部落联盟会议除处理联盟内部的政事、宗教和战争事务外，还根据“选贤与能”的原则，推荐联盟首领的继承人。这种民主选举继承人的制度，在我国古代历史上称作“禅让”制度，尧舜禹时代即禅让时代。

从尧到舜，从舜到禹，禅让制至少表面上还在发生作用，但这一时期企图凭借强权和实力变禅让为世袭的斗争也愈演愈烈。《竹书纪年》有“舜囚尧，复偃塞丹求，使不与父相见”的记载。韩非子更说：“舜逼尧，禹逼舜，汤放桀，武王伐纣，此四王者，人臣弑其君也。”这些都表明了强力在“禅让”过程中起了决定性作用。

历史大视界

在禅让时代，却出现了舜、禹辟让“前任之子”的现象，其原因是由于私有制的发展和阶级的分化，有些氏族贵族包括前任之子已把部落联盟首领的职位看作私有物，并企图占有它，而且拥有相当的夺位力量。舜和禹面临这种局势，不得不以“让位”的形式来观测民意之动向和了解双方力量之对比。舜和禹之时，由于他们威望高和习惯势力较大，加上“前任之子”的力量尚不足破坏禅让制度，所以，尧之子丹朱和舜之子商均都被看作“不肖”。这样，舜、禹顺利地继任了部落联盟首领。但“让前任子”的现象并非是偶然的，而是历史发展的必然产物。

33. 征伐三苗

昔者三苗大乱，天命殛之。日妖宵出，雨血三朝，龙生于庙，犬哭于市，夏冰，地坼及泉，五谷变化，民乃大震。高阳乃命玄宫，禹亲把天之瑞令，以征有苗。四电诱祇，有神人面兽身，若瑾以侍，搤矢有苗之将，苗师大乱，后乃遂几。

——《墨子·非攻下》

传说尧、舜、禹时代，代表黄河流域的华夏部族势力曾多次对处于长江流域的三苗集团用兵。据载，尧时进攻三苗有三个原因，一是三苗“昏迷不恭，侮慢自贤，反道败德”；二是其“为政不善，不分孤寡，不恤穷匮”；三是三苗部族不满“唐尧以天下让于虞舜”。这三种原因虽可能都为华夏族裔的附会，但与三苗发生战争却是事实。战争的地点是丹水之浦，《吕氏春秋·召类》说：“尧战于丹水之浦，以服南蛮。”丹水即今丹江，发源于陕西东南的终南山中，向东流入河南西南部的淅川县境内，然后顺河南与湖北的交界处流入汉水。尧与南方苗蛮部落集团交战的具体地点，大概是河南和湖北交界处靠近丹江的一个地方。

战争的结果是“窜三苗于三危”（三危，山名，在今敦煌县东南），苗蛮集团被征服了。

到了舜执政时，《韩非子·五蠹》载：仍“有苗不服”，舜面对此情况，决定先用怀柔政策以德感召三苗。当禹请求攻打三苗时，“舜曰：不可。上德不厚而行武非道也。”乃修教三年，执干戚舞，有苗乃服。但事实上，舜时三苗给予中原华夏族的威胁并未完全解除，以致后来舜采用武力南征三苗。

▲ 舜帝像

号有虞氏，故称虞舜，传说他目有双瞳而取名“重华”。

舜伐三苗的战争，延续的时间很长，波及的地方也很广，可能已深入到湖南境内的洞庭湖边。到后世，舜的声威在湖南还很有影响，湖南流传下来有关舜的神话相当丰富，比如传说舜伐三苗时，舜之二妃娥皇、女英从征。后来“舜死于苍梧之野”（苍梧，即今湖南境内的九嶷山），二妃闻舜死，望苍梧而哭，“以泪挥竹，竹尽斑”，二妃亦投湘江自尽，遂有湘妃之称。

舜伐三苗的战争，最后也以胜利告终，三苗部落集团中的一位部落首领驩兜被舜放逐到崇山。

禹接任部落联盟首领以后，三苗集团普遍遭受了罕见的自然灾害，禹决定趁机讨伐。据说这次战争的起因，是因为三苗集团犯了两大罪，一是不敬天地，不信鬼神；二是擅作刑罚（即前面提到的五虐之刑），杀戮无辜百姓，违背天命。《尚书·吕刑》云："苗民不用灵，制以刑，惟作五虐之刑曰法，杀戮无辜，爰始谣为劓、刵、椓、黥……黄帝哀矜庶戳之不辜，报虐无威，遏绝苗民，无世在下。"于是对三苗部落进行征伐。传说禹在征伐三苗以前，作了充分的准备，先祭祀天地、祖先并举行誓师大会。"禹誓曰：济济有众，咸听朕言，非为小子，敢行称乱。蠢兹有苗，用天之罚，若予既率尔群对诸群以征有苗。"《路史·后纪六》罗注引《随巢子》："司禄益食而不饥，司金益富而国家实，司命益年而人不夭，四方归禹。"可见，禹在等待这次战机前已经做好预备工作。对于这次战事，《墨子·非攻下》记述得更为细致，大意如下：从前三苗大乱的时候，上天以种种怪异现象表示责罚。夜里出太阳，接连三日降下血雨，龙出现在庙堂，狗在市场嚎哭，大地断裂出水，五谷发生变异。这些怪异引起人民的震惊，于是大巫高阳氏便在玄宫向禹下达上天的命令，禹秉承上天的命令亲征三苗。当禹接受大巫高阳氏传达上天命令的时候，雷电大震，有人面鸟身的神人句芒捧着玉圭侍立在大巫身旁。战斗中，三苗首领中箭，三苗大败，从此衰落。

历史大视界

战争对人类来说，是一场灾难，战争中互相残杀，使人类遭受不应有的死亡，同时也破坏了生产。在我国原始社会晚期的龙山文化遗址中，常常发现有被砍杀的尸骨，有的甚至是重叠掩埋。这些死者，有可能正是当时战争中的受害者。但是，原始社会时期的战争，对于促进民族部落的联合，进而融合成民族，客观上也起到了一定的积极作用。例如，舜对南方三苗部落集团的战争，结果对南方的文化就产生了很大的影响。文献记载说“舜却苗民，更易其俗”，也许就是说以中原的文化和南方的文化进行融合。

34. 禹治洪水

当尧之时，天下犹未平：洪水横流，泛滥于天下。草木畅茂，禽兽繁殖，五谷不登，禽兽逼人，兽蹄鸟迹之道交于中国。尧独忧之，举舜而敷治焉。舜使益掌火，益烈山泽而焚之，禽兽逃匿。禹疏九河，瀹济、漯而注诸海；决汝、汉，排淮、泗而注之江。然后中国可得而食也。当是时也，禹八年于外，三过其门而不入。

——《孟子·滕文公上》

根据诸多先秦文献记载，我国史前长时期洪水泛滥，人们无处所居。炎黄之时，共工氏居地的三分之二被洪水淹没；尧舜之时，洪水涨到山腰，淹没了丘陵；禹之时，十年九潦。当时的中原大地上草木茂盛，五谷不收，禽兽逼人。生活在低地的人们架巢居住，生活在高地的人们营造洞穴藏身。治理洪水，已是中原各部落的共同要求。

相传中原地区的有崇氏和太行山东麓的共工氏都是富有平治水土经验的部落。共工氏治水，采用填堵的办法阻止洪水流溢。水来土屯是人们最初采用的治水方式，能够在小范围内暂时奏效，但不能根除水患，还会带来更大隐患。共工氏用此法治水遭到失败而灭亡。鲧受命治水，历

▲ 大禹治水画像石

该画面记载了大禹治水的事迹：画中手执耒锸者为大禹，其背后的房屋里有一女子手抱婴孩，所描绘的正是大禹为了治水三过家门而不入的故事；下方左右分别有水工在干活，描写了大禹带领人们疏通九川的故事。

时9年，仍使用共工氏的老办法也遭到失败，最后被虞舜治罪流放羽山。

共工氏同鲧虽然失败了，可是他们积累了不少失败的经验。后来，鲧之子禹又受命治水，他从自己父亲的失败经验中觉悟到，仅用枝枝节节的堵塞方法不能从根本上解决问题，只有依着地势大规模疏通水道才能根治洪水。

鲧

传说尧时代，鲧受命治水。他听说天国宝库里藏有一团能无限膨胀、生长不息的泥土叫做息壤，便骗过看守库房的三头神犬，盗走神土，来到凡界为人民堵塞洪水。神奇的息壤化作万里长堤，汹涌澎湃的洪水被挡在堤外，住在高岗洞窟里的人们纷纷爬出，脸上露出欣喜的笑容。事隔不久，息壤遭窃的事就被天帝发觉了，他派祝融氏的后代火神祝融二世下至凡间，把鲧抓到羽山杀害了。息壤当然也被收回天庭。从此，洪水重新泛滥，人民百姓又陷入寒风与苦雨之中。

▲ 夏禹王像

于是，禹又联合共工氏以及其他众多的部落，在伊、洛、河、济一带展开治水工作。他们纠正了过去以堵塞为主的错误做法，改为以疏导为主，实行“高高下下，疏川导滞，钟水丰物”的方法治水。也就是依据自然地形，把高地筑高加固，使之不再崩塌淹没，把低地挖低疏通，让水流顺畅地排出。这样不但疏导了高地的川流积水，也使肥沃的平原广野减少了洪水泛滥的危害，散漫的流水又汇集到一定的地方，有利于与人民生活有关的水陆动植物的生长繁殖。经过治理，原来大都集中在大平原边沿地势较高地区的居民，开始迁移到比较低平的原野之中，并开垦那里肥沃的土地。

为了追思大禹的功德，人们常常把中国的国土称为“禹迹”，并把山川的秀美也归功于禹。《诗经·大雅》的《韩奕》、《文王有声》等篇中每每称颂“维禹甸之”或“维禹之迹”。

禹治水成功，除了因为采用上述科学方法外，还有两个极重要的因素。一是有顽强奋斗、公而忘私的精神。禹治水时“劳身焦思，居外十三年，过家门不敢入。”亲执耒锸，身先民众，辛苦劳作，指甲磨掉了，腿上的汗毛磨光了，带着条条伤痕，跛着脚，仍在狂风暴雨中坚持不息。二是得到了各部落的通力配合。舜即位后，禹为司空，掌工程兼内政；契为司徒，掌教化；弃为后稷，掌农政；益为朕虞，掌山林泽薮，四岳也通力合作。禹、契、弃、益为黄帝族系，四岳属共工氏之后，为炎帝族系。自颛顼以来，炎帝族系与黄帝族系发生过剧烈冲突，而禹治水时不但益与弃奉命佐之，共工氏之四岳也受命佐之。因此，可以说大禹治水的成功是炎黄两大族系团结奋斗的胜利。

禹

传说鲧被杀死在荒凉潮湿的羽山后，因壮志未酬，心系百姓，所以尸体历经3年的风吹雨淋也没有腐烂。同时，他的肚子中还孕育着一个新的生命，那就是禹。禹汲取了父亲身上所有的心血和精魂，能量也远远超过了鲧。鲧死而不腐的秘密被虎首人身、四蹄长胫、喜欢戏弄毒蛇的强良知道了，他报知天庭，天帝再派祝融二世携吴刀（产于江淮，十分锋得的一种刀）下凡将鲧分尸。祝融二世来到羽山，剖开了鲧的胸腹。这时，一团光芒从刀口处升腾而起，遍身光辉的禹便从里面跳了出来，祝融二世不敢再动手，于是狼狈地逃回了天庭。禹降生后，没有时间去度童年、少年，因为治水的重任等待着他。鲧被剖腹的尸体也化作一条黄龙，跳入羽山下的羽渊。它蛰伏渊水深处，存活的意义便是要亲眼看到儿子把天下万民从洪灾劫难里拯救出来。

这一时期，禹赢得了众多部落首领及其部众的拥护，被拥戴为“夏后氏”，成为诸夏之族最高的君长，初步确立了王权。同时，社会生产力也因治水成功得到了显著提高，为突破原始社会的桎梏，进入文明时代打下了必要的经济基础。

历史大视界

远古时治理洪水是一个极具普遍意义的传说，在其他民族的典籍中，也不乏各式各样关于治理洪水的传说。尽管记载有差别，但就时间与空间而言，各民族的传说有惊人的相似。在西方，《旧约·创世纪》中载有古犹太人的传说：在诺亚生活的时代，人类已经败坏，所以上帝决定以洪水毁灭所有的人，只留下诺亚一家，因为“惟有诺亚在耶和华眼前蒙恩。”上帝让他造了众所周知的“诺亚方舟”，然后让他将每种动物各取一雌一雄放在方舟里。方舟造好后就开始下雨。雨共下了40个昼夜，水势极为浩大，淹没了所有的高山，也淹没了其他的人。最后洪水开始下退，上帝与诺亚立约，以后不再降洪水灭百姓。另外，苏美尔人和巴比伦人类似的传说也流传很广。

国内的学者很早就认识到了这一相似性：在世界上历史较古的人民中差不多全有关于洪水的传说，在东半球的希腊、犹太、伊朗、印度、叙利亚、巴比伦等各民族，以及西半球的印第安人中，也均有关于洪水的传说。这种相似性，说明在人类的起步阶段，总会经过某种相同的时期，而在这一时期里，人类不分地区和时区，有某种惊人的巧合。同时，在中外的这些洪水传说中，还有两点颇为相似，那就是洪水久远且极具毁灭性。

35. 夏王朝的建立

有扈氏不服，启伐之，大战于甘。将战，作《甘誓》，乃召六卿申之。启曰：‘嗟！六事之人，予誓告女：有扈氏威侮五行，怠弃三正，天用剿绝其命。今予维共行天之罚。左不攻于左，右不攻于右，女不共命。御非其马之政，女不共命。用命赏于祖，不用命僇于社，予则帑僇女。遂灭有扈氏。天下咸朝。

——《史记·夏本纪》

夏王朝是我国历史上第一个奴隶制国家，它的建立标志着我国历史正式进入了文明时代。夏王朝的建立，虽然一般都推溯至禹，但传子制最后战胜禅让制，“家天下”局面的正式确立，却是到启时才完成的。因此，夏王朝的建立应该包括禹、启两代。在此之前，夏族还有一个更长的历史。

夏族是活动于我国黄河中游地区的一个古老部落，传为姒姓，属炎帝族中沈、姒、蓐、黄四部中姒姓的一支。根据古文献记载，夏族最早兴起于今河南西部的嵩山一带。《国语·周语上》：“昔夏之兴也，融降于崇山。”崇山即今嵩山，古称外方山，属秦岭支脉，位于今河南西部登封、

▲ 安徽怀远县东南的涂山禹王宫

涂山亦名当涂山，俗称东山，为古涂山国所在地，也是大禹娶妻及第一次大会诸侯的地方，禹王宫就建于涂山最高峰凤凰顶之上。

密县、伊川诸县之间，东临豫东平原，西接熊耳山脉，北近伊、洛盆地，南对颍汝河谷，其主峰古称太室，又称中岳，在今登封县北。夏族兴起于这一带，故又称为有崇氏，或简称为崇。传说中禹的父亲鲧就被称为“崇伯鲧”，禹被称为“崇禹”。

夏族到了鲧的时代，已经发展成为一个强大的部族。禹继父任后，通过整治洪水、征伐三苗，赢得了威望，加强了王权。由于禹的功绩卓著，当虞舜年老时，大家一致推举禹为继承人，禹遂践天子之位。之后，他在有崇部落活动的中心所在地嵩山之阳建立了都城——阳城（今河南登封告成镇)，后又迁往阳翟（今河南禹州市）。两座都城都地处颍水上游，西连伊洛，东临河济，南望淮上，既是中原地区的中心地带，又便于结合东南地区众多邦国或部落。为了巩固王权，禹又沿颍水南下，在淮水中游的涂山（今安徽蚌埠市西郊，现属怀远县）大会夏、夷诸部部落首领和众多邦国君长，这就是“涂山之会”。史载：“禹合诸侯于涂山，执玉帛者万国。”他们前来参加大会，对禹朝贡，行臣服礼，成为王朝统治下的诸侯。涂山之会是夏王朝正式建立的重要标志。

▲ 浙江绍兴东南会稽山麓大禹陵的大碑亭

夏王朝虽然自禹被拥立为夏后氏就建立起来了，但其真正确立却在禹的儿子启继任后才最终完成。

根据传说，禹年老时，也曾仿效唐尧、虞舜推行“禅让”，但却暗中培植其子启的党羽，以致在“传贤”还是“传子”问题上引起启、益之间的争位斗争。《孟子·万章》说，禹在晚年曾举荐东方夷人首领皋陶继位为王，皋陶早卒，又举其子益来做继承人。但禹死之后，人民“不之益而之启”，于是王位归启。《韩非子·外储说》则讲，禹的王位继承人原本为益，后来“启与友党攻益而夺之天下。”《竹书纪年》干脆称，禹死之后，“益干启位，启杀之”。虽然诸书所记略有出入，但是，禹晚年时“王位”已经私有，旧的“禅让”已行不通，最终被启彻底破坏，从而变“公天下”为“家天下”之局，却是共同的。

禹时，不仅以传子制代替了传统的禅让制，而且在部落联盟议事会内，民主协商讨论问题的制度也被破坏，而代之以个人专制、独裁。传说有一次召开部落联盟议事会时，防风氏的部落首领迟到，禹即把他斩杀。“禹朝诸侯之君会稽之上，防风氏之君后至，而禹斩之。”

启废禅让而自行夺取王位，变“传贤”为“传子”，在古代是一大变局，引起了不少观念保守的人的反对。不久，启的同姓、西部诸侯有扈氏即“仗义”起兵，其原因据《淮南子·齐俗训》载，是有扈氏“以尧、舜举贤，禹独与子，故伐启”，显然是在维护禅让制。启即亲率大军讨伐，两军在今河南洛阳市西的甘地展开决战，这就是著名的甘之战。

据《尚书·甘誓》记载，战前启曾对其六卿誓师，指斥有扈氏蔑视五行，背弃沿袭下来的治国大法，废弃了三大政事。启说：因此，上天要断绝他们的国运，我要奉行上天对他们的惩罚。又命令所有军队听从指挥，如果战车左侧的士兵不能用箭射杀敌人，战车右侧的士兵不能用矛刺死敌人，驾驭战车的士兵不能正确驾驭战车，那就是不遵

▲ 古钧台

又名夏台，位于今河南省禹州市，是夏启大宴诸侯、举行开国典礼的地方。“钧台之享”被称为中国第一国宴。此后，夏代诸帝践位、中央施政、与诸侯商议国事都在此，成为夏“皇宫帝苑”的重要组成部分。又因后来“夏桀囚商汤于钧台”，所以古钧台也被称为“中国第一座监狱”。

从我的命令。凡是遵从命令者，我就在先祖的灵位前予以奖赏；凡是不遵从命令者，我就在先祖的灵位前加以惩罚，或者把你们降为奴隶，或者把你们杀掉。结果，有扈氏战败，首领被杀，族众被降为奴隶。《淮南子·齐俗训》认为：“有扈氏为义而亡，知义而不知宜也。”有扈氏败亡的原因，就是只知墨守旧“义”，而不能顺应时“宜”，其失败是必然的。夏启扫除了障碍，巩固了王权，王位的世袭制度得以确立，从此开始了我国历史上的“家天下”局面。

为了使世袭王权得到众多诸侯的承认，夏启在都城阳翟的钧台举行盛大享宴，结果诸侯都来表示臣服，这就是继“涂山之会”之后的又一次重要朝会——钧台之享。《左传·昭公四年》称这次钧台之享，“所以示诸侯礼也，诸侯所由用命也”。至此，夏王朝的统治基础正式确立。

历史大视界

国家是从氏族组织的废墟上产生的，但它和氏族有着根本的不同：国家按地域来划分它的国民，而氏族是以血缘关系为纽带组织起来的。国家设有公共权力的暴力机关，如军队、警察、宪兵、法庭、监狱等等，而氏族完全没有这些凌驾于社会之上的公共权力机关。

夏王朝是在原始父系氏族公社制度的基础上建立起来的，它保存了大量原始社会的制度和风俗，国家制度尚属初建，还远未达到完善的地步。因此，从一定意义上说，夏王朝处于国家形成后的早期阶段。

主要参考书目

1.白寿彝：《中国通史纲要》，上海人民出版社，1981 年。

2.柏杨：《中国史纲》，同心出版社，2006 年。

3.潜明兹：《中国古代神话与传说》，商务印书馆，1996 年。

4.章行：《尚书·原始的史册》，上海古籍出版社，1997 年。

5.李学勤、孟世凯：《中国古代文明起源》，上海科学技术文献出版社，2007 年。

6.（美）路易斯·亨利·摩尔根：《古代社会》（上册），商务印书馆，1977 年。

7.顾颉刚：《古史辨》，上海古籍出版社，1982 年。

8.张国风、杨树森：《中国历史》，高等教育出版社，2006 年。

9.刘起釪：《古史续辨》，中国社会科学出版社，1991 年。

10.李学勤、郭志坤：《中国古史寻证》，上海科技教育出版社，2002 年。

11.周一良、吴于廑：《世界通史》，人民出版社，1973 年。

12.张之恒：《中国新石器时代考古》，南京大学出版社，2003 年。

13.范文澜：《中国通史简编》，中华书局，1954 年。

14.何小颜：《早慧的文明》，上海古籍出版社，2002 年。

说明：本书中选用的某些图片，无法知道原作者是谁或无法与其取得联系，如果原作者能够证明某图片为其原创，请与我们联系，我们将支付相应报酬。

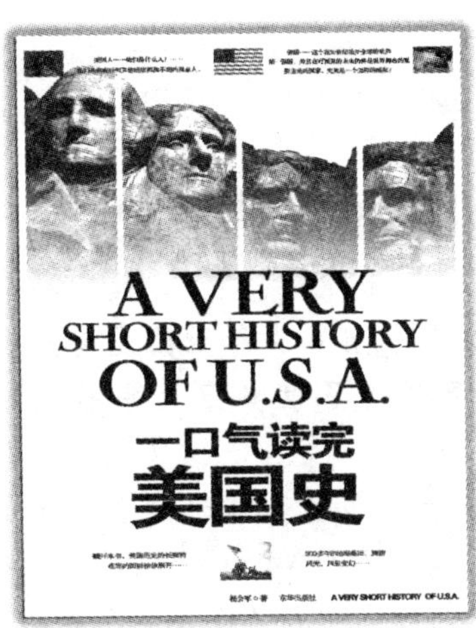

杨会军　著　定价:26.00 元
京华出版社出版

《一口气读完美国史》

美国人——他们是什么人?……他们是你在任何其他国家都找不到的混血人。美国——这个在 20 世纪独步全球的世界第一强国，并且在可预见的未来仍将是世界舞台的重要主角的国家，究竟是一个怎样的国家?

翻开本书，美国历史的长廊将在您的面前徐徐展开……

300 多年的沧海桑田、旖旎风光、风云变幻……

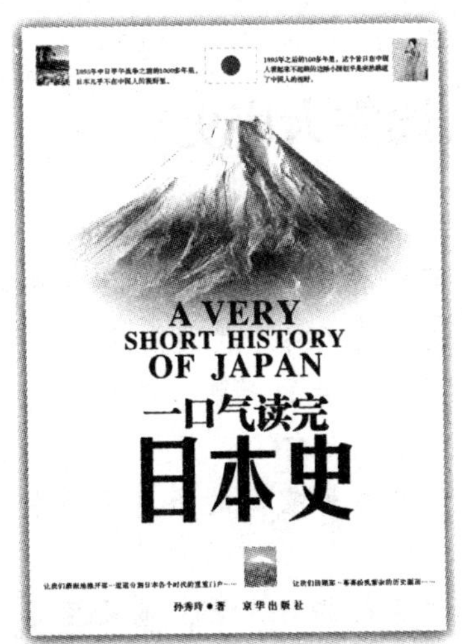

孙秀玲　著　定价:25.00 元
京华出版社出版

《一口气读完日本史》

1895 年中日甲午战争之前的 1000 多年里，日本几乎不在中国人的视野里；1895 年之后的 100 多年里，这个昔日在中国人看起来不起眼的边陲小国似乎是突然跳进了中国人的视野。

让我们渐渐地推开那一道道分割日本各个时代的重重门户……

让我们回顾那一幕幕纷乱繁杂的历史画面……

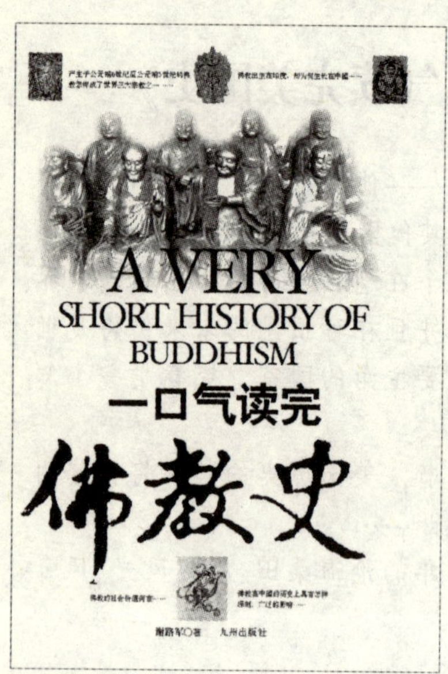

谢路军　著　定价:25.00 元

九州出版社出版

《一口气读完佛教史》

产生于公元前 6 世纪至公元前 5 世纪的佛教怎样成了世界三大宗教之一……

佛教出生在印度，却为何生长在中国……

佛教的社会价值何在……

佛教在中国的历史上具有怎样深刻、广泛的影响……

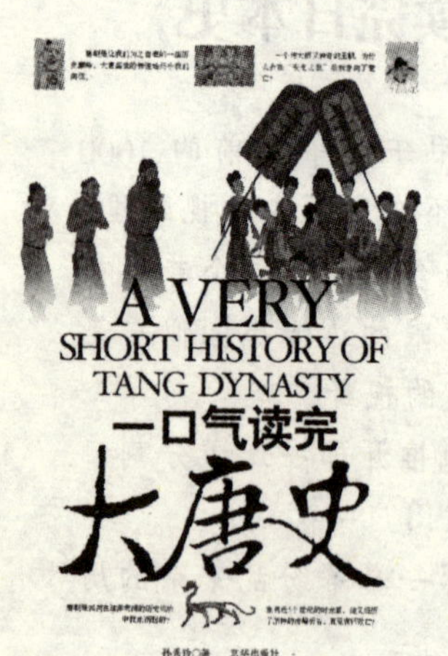

孙秀玲　著　定价:27.00 元

京华出版社出版

《一口气读完大唐史》

唐朝是让我们为之自豪的一座历史巅峰，大唐盛世的辉煌始终令我们向往。

一个伟大而又神奇的王朝，为什么会在“安史之乱”后就走向了衰亡？

唐朝是如何在雄浑宏阔的历史运动中拔地而起的？

在将近 3 个世纪的时光里，她又经历了怎样的波峰低谷，直至腐朽败亡？

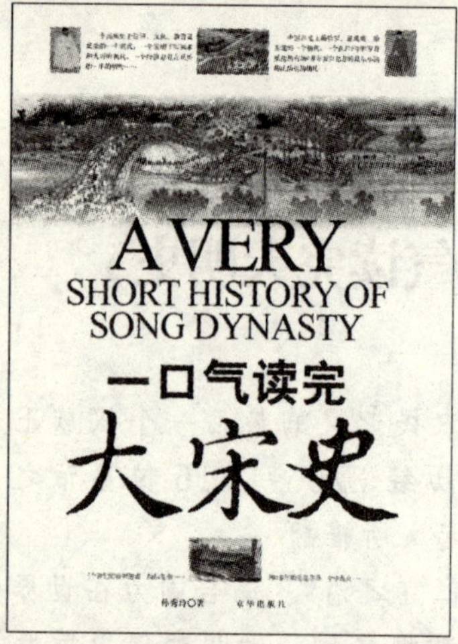

孙秀玲　著　定价:28.00元

京华出版社出版

《一口气读完大宋史》

中国历史上经济、文化、教育最繁荣的一个朝代，一个发明了印刷术和火药的朝代，一个经济总量占世界的一半的朝代……

中国历史上最软弱、最窝囊、最无能的一个朝代，一个在319年的岁月里竟然有260多年要向北方的蕞尔小国称臣纳贡的朝代……

三个世纪的扑朔迷离、纷纭复杂……

300多年的是是非非、个中曲直……

1 陈桥兵变
2 杯酒释兵权
3 革新制度
4 扫平西南
5 强干弱枝之策
6 北征受阻讨南唐
7 壮志未酬人西去
8 兄终弟及
9 翦灭北汉
10 啃不下的硬骨头
11 金匮之盟
12 雍熙北伐
13 学习的革命
14 王小波起义
15 大事不糊涂
16 落花有意流水无情
17 澶渊之盟
18 一国君臣如病狂
19 中国版“灰姑娘”
20 刘太后垂帘听政
21 不爱江山爱美人
22 宋夏战争
23 庆历新政
24 风雨飘摇暮气沉
25 短命皇帝来去匆匆
26 王安石变法
27 富国有术,强兵无方
28 司马光复辟
29 哲宗再复辟
30 宋徽宗的享乐人生
31 宋江、方腊起义
32 海上之盟
33 开封保卫战
34 靖康之变
35 坐享半壁江山
36 皇帝南逃惹兵变
37 屈膝求和丧家犬
38 争战川陕
39 刘豫称帝,秦桧南归
40 平定内乱伐大齐
41 绍兴和议
42 隆兴和议
43 孝宗中兴
44 悍妇李凤娘
45 庆元党禁
46 开禧北伐失败
47 史弥远专权
48 丁亥之变
49 蒙宋开战
50 末世风流
51 蟋蟀宰相专权
52 最后的挣扎
53 留取丹心照汗青

以上图书各大书店、书城、网上书店有售。

邮购请汇款至：北京市三源里邮局10号信箱　北京天略图书有限公司

邮政编码：100027　请在汇款单附言中注明书名及册数。免收邮挂费。

团购请垂询：010-65868687　**联系人**：胡小姐　Email: tianluebook@263.net